KB090349

스피치
테라피

마음성장·실력향상

스피치
테라피

권지선 지음

휴앤스토리

들어가는 말

《악당의 명언》 책에 이런 글이 있다. "머릿속에 천금의 말이 있어도 필요할 때 꺼내지 못하면 그저 똥 덩어리!" 어떤가? 당신에게 하는 말처럼 들리지 않는가! "아~ 그때 그 이야기를 해야 했는데…" 집에 와 침대에 누워 있으면 점심때 친구와 대화하던 중 답을 받아치지 못했던 당신의 안타까운 모습이 왔다 갔다 하지는 않는가!

사람들의 말을 들어 보면 "아~ 이 사람이 이렇게 똑똑한 생각을 했었던가?" 놀랄 때가 많이 있다. 그때마다 "왜 예전에는 말하지 않았어요?"라고 묻는데, "창피해서요.", "자신이 없어서요."라는 말을 들을 때 참 안타깝다. 말은 해야 알고, 듣는 사람은 그 말을 듣고 행동으로 옮겨 실천에 다다르게 된다.

스피치 강의를 10년 정도 하다 보니 가장 많이 받는 질문이 "스피치 수업을 받으면 제 목소리가 정말 달라질까요?", "정말 앞에 나가 떨지 않을까요?", "너무 어려운데 쉽게 배울 수 있는 방법이 없을까요?"이다. 2~3달 동안 훈련한 이후에도 다시 목소리가 원 상태로 돌아왔다는 분들이 있다. 스피치를 배우면 그때뿐, 시간이 지나면 배우기 전으로 다시 되돌아간다고 말하는 사람들이 있다. 이것은 스피치가 완전히 내 몸에 습득되어 있지 않은 결과라고 생각한다.

스피치 강사로 10년을 활동하건 20년을 활동하건 말할 때 복식호흡을 하는 훈련을 1년만 하지 않으면 다시 흉식으로 말하게 된다. 스피치는 매일 의식해야 한다. 즉 스피치는 이해가 아닌 경험의 영역이다. 내 몸이 기억하고 체득해야 비로소 습관처럼 따라오는 것이다. 10명 중 5명은 스피치를 배우는 과정에서 포기하게 된다. 왜 그럴까? 어렵기 때문이다. '어떻게 하면 아이들도 이해할 만큼 쉽게 가르칠 수 있을까?'를 고민하면서 이 책을 완성하였다. 이 책은 온 가족이 함께 훈련할 수 있도록 이해의 문턱을 낮게 구성하였다. 그렇다면 스피치를 배우면 무엇이 달라질까?

첫째, 스피치를 배우면 자신감이 생긴다. 자신감은 스스로를 믿는 마음에서 나온다. 대체적으로 스피치를 배우러 오시는 분은 결단하기까지 아주 오랜 시간이 걸려서 오신 분들이다. "내가 잘할 수 있을까?", "돈만 버리는 거 아니야?", "시키면 어떻게 하지?", "혼자 배우는 거 아닌가?" 등등 별별 생각으로 머리에 벌집을 만든 채로 방문하신다. 자신감 없이 걱정이 많은 분은 상담만 받다가 수강을 포기해 버린다. 1%의 자신감이 결국 99%의 놀라운 결과를 만들어 낼 수 있다는 확신을 갖기를 바란다. 자신감이 생기면 목소리도 커지고 말하는 것에 흥미를 붙여 대인 관계에 아주 큰 도움이 된다.

어른뿐 아니라 유아, 아동에게도 스피치 능력은 중요하다. 부모들이 자녀를 국, 영, 수 외에 스피치 학원에도 보내는 이유는 무엇일까? 자신감 있게 남들 앞에서 발표도 잘하고 또래 친구들과 함께 있을 때 리더의 모습을 보여 주는 것을 원하기 때문이다. "우리 아이는 자기주장을 못 펼치고 끌려가는 것 같아요.", "자신의 생각을 말로 표현하지 못해요.", "적극적으로 활발하게 놀았으면 좋겠어요."라는 걱정과 기대감을 가지고 자녀에게 스피치를 가르치게 된다. 단순히 호기심을 가지고 '스피치를 하면 좋아지겠지?'라는 막연한 생각으로 아이를 학원에 보내기보다는 어떤 수업을 받는지 관심을 두고 가정에서도 아이와 대화를 나누어야 실력이 향상될 수 있다. 아이, 부모, 선생님은 항상 소통하며 상의할 줄 아는 사이가 되어야 오해와 문제가 생기지 않는 법이다.

둘째, 스피치를 배우면 커뮤니케이션 능력이 향상된다. 스마트폰, 태블릿PC, SNS 등 소통할 수 있는 도구가 많다. 그러나 얼굴을 보고 말하는 기회는 점점 없어지고 있다. 가정에서도 각자의 방에서 문자로 소통하는 현실이니 남 앞에서 말을 한다는 것은 어쩌면 이제는 큰맘 먹어야 가능한 일이 된 것일 수도 있다.

스피치를 배우면 말을 거는 것뿐 아니라 상대방의 이야기를 듣고 맞장구를 치며 질문하고 대화를 이끌어 가는 방법 등을 배우게 된다. 자기가 하는 말을 자신이 경청하면서 말하기 때문에 내 말의 뉘앙스나 말의 빠르기, 그리고 말끝을 흐리는가를 확인하면서 말하게 된다. 하나의 주제를 던져 주고, 강단 앞에 나와 아이컨택을 하고, 목소리가 어떤지, 제스처가 어떤지, 주제의 내용이 서론 본론 결론의 방향으로 잘 가고 있는지를 도와주는 역할을 하는 것이 강사인 내 몫이다. 이렇게 꾸준히 수업을 받은 수강생은 정말 몰라보게 달라질 수밖에 없다.

셋째, 스피치를 배우고 2~3개월이 지나면 주변에서 달라졌다고 알아봐 준다. 발음이 정확하지 않거나 입을 벌리지 않아 전달력이 약했던 사람이 3개월 정도 트레이닝을 받으면 굳어 있던 혀 근육이 풀어지고 혀의 위치가 제자리로 돌아가 발음이 좋아진다. 가장 먼저 가족과 직장 동료가 알아봐 준다. "와~ 무슨 말을 하는지 잘 들리네요?" 하고 주변의 긍정적인 반응과 칭찬을 받게 된다.

중학교 3학년 아이가 엄마와 함께 학원을 방문했다. "우리 아이가요 ~ 무슨 말을 하는지 알아듣지를 못하겠어요." 간단한 테스트를 해 보고 깜짝 놀랐다. 그동안 어떻게 살았을까. 소통도 안 됐을 텐데, 참 안쓰러웠다. "○○○ 군! 말은 내가 하고 싶은 대로 하는 게 아니라 상대방을 위해 알아듣게 하는 것이에요."라고 말했더니 무슨 말인지 잘 모르는 듯했다. 하지만 6개월 동안 발음, 발성, 호흡을 집중적으로 훈련했더니 몰라보게 달라졌다. 빨랐던 말이 천천히 바뀌고, 평이했던 말이 리듬 스피치로 재탄생하였다. 학생의 어머니께서 "원장님, 돈 쓴 보람이 있어요. 호호호." 웃으며 만족스러워하시는 모습을 보면서 보람을 느꼈다.

몇 년 전 직업체험 강의를 하게 되었는데 나를 소개해 주는 교육 담당자가 마이크를 들면서 헛기침을 몇 번 하더니 쉰 목소리로 힘을 주고 말하면서 말끝을 계속 흐려 버리고 웅얼웅얼 말을 반복하고 계셨다. 사람들은 말이 길어질 것 같으니 휴대폰을 보거나 옆 사람과 잡담을 나누기 시작했다. 옆에 서 있는 나는 불안했다. 정말 안타까운 일이다. 혀 짧은 목소리에 말끝을 흐리고 헛기침하는 허스키 보이스. 거기에 표정까지 어두워 사람들의 호감을 얻지 못하면 게임 끝이다. 이렇듯 메신저의 역할이 얼마나 중요한지 우리는 알고 있다.

마지막으로 넷째, 스피치를 배우면 자존감이 높아진다. 스피치는 스킬Skill, 즉 기술이 아니라 마음Mind의 영향을 많이 받는다. 물론 기술적인 문제로 마음이 상하고 다쳐 오시는 분이 계시지만 자존감이 바닥을 치고 내려가는 분이 더 많이 온다. '인사이드 아웃'의 주인공 모습 그 자체다 보니 기술적인 부분만을 가르치기보다는 마음을 위로해 주고, 격려해 주고, 충분히 잘하고 있다는 칭찬까지 해 주어야 자신의 모습을 보고 관심을 가지고 노력하게 된다. 스피치는 없는 사실을 있게 만드는 것이 아니라 그대로를 인정하고 표현하는 행위다. 나를 알고, 나의 단점을 인정하고, 그런 나를 상대에게 표현하는 행위다. 내 단점을 인정하는 것은 쉬운 일이 아니다. 어렵고 시간이 걸리지만 실제 이런 단계를 거쳤을 때 자존감이 향상되는 사례를 자주 경험한다.

길을 가다가 멋진 남자나 여자를 보면 어떻게 반응하는가? 급하게 시선을 돌려 총총걸음으로 가는 사람은 없을 것이다. 눈에 보이는, 끌리는 것과 직접적으로 마주하고 싶어진다. 그러나 시간이 흘러 겉모습이 익숙해지면 관심이 사라지게 되고 우리는 그 사람의 진실과 마주한다. 우리의 목소리나 말하는 스타일은 어떨까? 인물은 좀 빠지더라도 몸과 마음을 잘 울리는 좋은 목소리는 우리의 마음을 열어 주고, 따뜻한 정서적 기운을 만들고, 계속 목소리를 듣고 싶어지게 만든다.

우리는 당연히 말을 할 수 있기 때문에 말하기의 중요성에 대해 별 생각을 하지 않고 살아간다. 한글을 배우고 맞춤법을 배우고 어휘의 뜻만을 배울 뿐 좋은 목소리를 내는 법에 대해선 교육을 받아본 적이 없다. 스스로를 치료하자. 숨 쉬는 것부터 다시 하고 내 불안함은 어디서부터 왔는지도 점검하자.

《스피치 테라피》는 내 목소리 상태를 진단하고 깊은 울림을 만들어 스스로 건강하게 만드는 방법, 내 생각을 분명하게 표현할 수 있는 말하기 방법, 부르르 떨지 않고 평정심을 찾을 수 있는 호흡법 활용 등의 내용을 다루고 있다.

내가 만났던, 스피치를 배우려고 하는 대부분의 사람들은 아나운서나 리포터, 전문 방송직 종사자가 아니었다. 그저 지극히 작은 한 부분이 불편해 개선하고자 도움을 받으려는 사람들이 많았다. 그러나 그 작은 필요도 채우지 못하고 포기하는 사람을 만나게 되면서 그들을 마음의 눈으로 바라보는 훈련을 시작했다.

스피치 현장에 종사하면서 스피치는 스킬보다는 마음의 영역이라는 진리를 깨달았다. 유치원 교사로 근무하면서 만났던 유아들, 지역 아동센터와 방과 후 수업에서 만났던 수많은 아동들, 진로 체험 활동을 통해 인연이 되었던 청소년들, 사회복지 현장에서 만났던 성인과 노인에 이르기까지 모든 대상을 만나 본 결과 스피치는 내적 상호 작용의 필수 조건이라는 결론을 내렸다. 어린 시절 라포 형성이 안 된 사람들,

청소년 시절 사회 적응력과 자아탄력성의 부재로 환경적 요인에 의해 사회적 기능이 떨어져 성인이 되어서도 자유롭지 못한 사람들이 그러함에도 포기하지 않고 스피치를 통해 이겨내 보겠다고 용기를 냈다.

　현대인은 누구나 스트레스와 미래에 대한 불안감, 관계의 불안감 등을 떠안고 살아간다. 그냥 무시하고 살아간다. 이런 분들에게 꼭 필요한 책을 선물해 주고 싶었다. 필자는 말 잘하는 방법을 가르쳐 주지 않는다. 그 대신 주변을 탐색하고, 필요하면 그림과 사진을 보고, 노래를 부르라고 권한다. 그 안에서 느껴지는 감정과 감성의 단어들을 꺼내고 토론 기법을 활용해 자아를 찾아가면서 어떻게 해야 내 속마음을 똑바로 전달할 수 있는가를 스스로 깨닫게 해 준다.

　스피치를 배우는 대부분은 '머리로 이해하면 말로 적용이 가능하겠지!'라고 생각한다. 그러나 스피치는 10%의 머리싸움, 90%의 몸싸움이라고 말한다. "얼마나 배워야 제 목소리가 좋아질까요?", "얼마나 배우면 제가 스피치를 잘할 수 있을까요?" 공통적인 질문에 나는 이렇게 말한다. "최소 6개월 정도 생각하십시오." 100m 달리기를 할 생각으로 배우려고 하지 말고 42.195km 마라톤을 뛴다는 마음으로 롱런할 것을 권면한다. 왜냐하면 스피치는 '인내이며 훈련'이기 때문이다. 내 몸에 습관이 안 배어 있는데 어떻게 적용이 가능할까? 그건 욕심이다.

　우리는 어떤 일을 시도하기 전에 배우는 과정을 반드시 거친다. 먼저 원리를 배우고, 그다음엔 응용을 하고, 연습 문제를 풀면서 내 것으로 만들어 간다. 그러다 원리가 익숙해지면 공식을 암기해서 문제를 해결하는데, 이후에는 처음과는 달리 원리보다 공식을 그냥 사용하게 되는 일이 더 많다. 근본적으로 공식 자체가 잘못되었다는 것은 아니며 문제를 빨리 풀기 위해 공식을 암기하는 것이다. 하지만 그냥 공식을 외우기보다 중요한 것은 원리에 대해 반드시 이해하는 것이다.

스피치를 단시간에 익힐 수 있거나 시간만 지나면 잘할 거라고 생각하는데 결코 그렇지 않다. '스피치 원데이 특강을 들으면 나를 스피치 강사 못지않게 변화시켜 줄 거야.'라는 생각은 착각이다. 스피치를 하는 데는 반드시 필요한 원칙이 있다. 우리가 발음이나 발성, 호흡을 충분히 원칙대로 발휘해야 결과물을 만들어 낼 수 있다.

스피치를 배우러 오는 수강생에게 처음부터 스피치를 가르쳐 주는 것이 아니라 보이스를 먼저 가르친다. 내 목소리의 상태를 진단하고 편안하게 낼 수 있어야 상대방이 내 목소리를 좋아할 수 있다. 즉 내 소리가 내면과 만나야 하고 내 몸을 울려 공명소리를 만들어야 내 주변 사람을 설득할 수 있다. 그러기 위해서는 내가 먼저 위로받아야 한다. 훈련을 받으면서 스스로 반성하고 치료를 받아야 좋은 목소리를 내고, 좋은 스피치를 할 수 있다.

계속해서 수많은 스피치 서적이 넘쳐나고 있다. 이제는 일반인도 강의, 강연을 하는 스피치 홍수의 시대를 살아가고 있다는 증거다. 그런데 책을 읽다 보면 머리로는 이해가 되는데 몸으로 체득이 안 되니 혼자서 스피치 기술을 다듬어 가는 데 한계가 있음을 절실히 느꼈다. 책을 쓰며 '어떻게 하면 감성을 터뜨리는 처세술로 사람을 유혹해서 책을 많이 팔 수 있을까?' 하고 생각하지 않았다. 순전히 인내하며 성실히 스피치를 배워 갈 사람을 위해 집필하였다.

최고의 악기 역할을 하는 것이 우리의 몸이며 우리의 몸은 그 어떤 멋진 악기와도 견줄 수 없다. 말을 할 때 소리는 목에서만 나오는 것이 아니라 내 몸 전체를 울리면서 나온다. 그 울림을 내가 먼저 느껴야 하고 내 몸 상태가 편해져야 내 진짜 목소리를 들을 수 있다.

미국의 의사 맥스웰 몰츠Maxwell Maltz는《맥스웰 몰츠 성공의 법칙》이라는 저서에서 "변화를 주어 습관을 만들기 위해서는 21일을 꾸준히! 계속 해야 한다."라고 말했다. 여기서 21일이란 것은 생각이 의심이나 고정관념을 담당하는 대뇌피질과 두려움과 불안을 담당하는 대뇌변연계를 거쳐 습관을 관장하는 뇌간까지 가는 데 걸리는 가장 짧은 시간이다. 우리가 21일 동안 무언가를 반복하면 생각이 대뇌피질에서 뇌간까지 전달되고 각인이 되어 저항감이 없어진다고 말한다.

또한 영국의 토론토대학교를 졸업한 역사학자 말콤 글래드웰Malcolm Gladwell이 말한 1만 시간의 법칙에서도 노력과 습관에 관해 주장하고 있다. 이 1만 시간의 법칙은 비단 물리적인 시간만을 의미하는 것이 아니라 '목적의식을 갖고 내가 왜 그것을 해야만 하는지' 생각해 봐야 한다는 것이다. 똑같이 노력하는데 왜 누구는 더 좋은 결과를 얻을까? 간절함을 갖고 스피치를 배워야 시간과 노력을 보상받을 수 있으며 좋은 결과로 연결된다는 사실을 명심하기를 바란다.

또한 런던대학교 심리학과 연구팀은 습관이 형성되기까지는 66일이 걸린다는 실험도 소개한 적이 있었다. 우리의 삶은 모두 작은 습관이 모인 결정체이다. 잠을 자는 시간, 일어나는 시간, 양치하는 모습, 샤워하는 방법, 식사할 때 반찬으로 손이 가능 동작, 서거나 앉아있는 모습, 머리를 빗는 모습, 특히나 말을 하는 스타일도 알게 모르게 습관에 의해 결정된다. 21일이든 66일이든 새로운 지식을 일관되게 지키기 위해 매일 같은 시간에 행동을 실천해서 구조화시키기를 부탁한다. 어제 못했다고 낙심하거나 자책하지 말고 다시 오늘부터 시작하면 된다. 마지막으로 실천노트를 만들어 매일 기입하고 3개월 후 자신의 목소리(발음·발성·호흡)와 스피치 실력 등을 체크해 3개월 전 자신의 기록을 보면서 비교하면 동기부여가 가능해질 것이다.

러시아의 피아노 연주자이자 작곡가 그리고 음악 교육가인 안톤 루빈스타인Anton Rubinstein의 유명한 일화가 있다. 어느 날 친구가 그에게 와 "지금도 실력이 충분한데 왜 그렇게 열심히 연습하는가?"라고 묻자 안톤 루빈스타인은 이렇게 말했다. "하루를 연습하지 않으면 나 자신이 알고 이틀을 연습하지 않으면 친구들이 알고 사흘을 연습하지 않으면 수많은 관객이 알아차린다네." 그의 뛰어난 실력은 타고난 재능이 아닌 지독한 훈련으로 완성된 능력이었다.

우리는 어떨까? 조금만 맞지 않으면 "난 이 회사와 맞지 않아.", "난 이 일이 적성에 맞지 않아.", "난 영업은 내 적성에 맞지 않아."라고 말하지 않는가! 자신에게 딱 맞는 적성의 직업을 가지는 사람이 얼마나 될까? 어떤 일이 적성에 맞아도 노력을 게을리하면 그 적성도 언젠가는 사그라질 수밖에 없을 것이다.

스피치계의 거장 임유정 원장은 이렇게 말했다. "하루를 연습하지 않으면 발음을 잃고 이틀을 연습하지 않으면 발성을 잃으며 사흘을 연습하지 않으면 스피치의 모든 것을 잃는다." 꾸준한 연습과 반복 훈련만이 여러분을 만족스럽게 할 것이다.

무대 위에서 당당한 나를 만들고 싶은 여러분! 더 이상 망설이지 말고 '용기'라는 준비물을 가지고 저와 함께 출발합니다.

준비됐습니까?

Start!

CONTENTS 📢

들어가는 말 *05*

〜 PART 1 〜

자기소개 & 발표불안 극복 *17*

자기소개 *19* | 발표불안(사회불안장애) 극복 *31*

〜 PART 2 〜

Voice Training & 리액션·표현력 기르기 *47*

Voice Training *49* | 리액션·표현력 기르기 *87*

〜 PART 3 〜

경청 & 설득의 끌림 *109*

경청 *111* | 설득의 끌림 *125*

〜 PART 4 〜

스토리텔링 & 개요서 작성의 습관 *135*

스토리텔링 *137* | 스피치 원고 및 개요서 작성의 습관 *159*

〜 PART 5 〜

프레젠테이션 & 바디랭귀지(몸짓 언어) *175*

프레젠테이션 *177* | 바디랭귀지(몸짓 언어) 훈련 *193*

〜 PART 6 〜

감정(마음 전달) 스피치 *211*

〜 PART 7 〜

현황별 스피치 *231*

마무리하며 *249*

* PART 1 *

자기소개
&
발표불안
극복

미국 최초의 흑인 대통령인 오바마 Barack Obama 는 설득 스피치의 대부로 잘 알려져 있다. 잘난 척과 미사여구 美辭麗句 로 치장하는 스피치는 사람을 설득하기엔 역부족이다. 그가 인기 있었던 이유는 예의와 간절함 그리고 겸손함이다. 상대방에게 보이는 겸손한 자세는 대화를 하고 싶게 만드는 법이다. 오바마의 이런 스피치 실력은 어떻게 만들어진 것일까? 오바마는 부모님의 이혼으로 매우 힘든 시기를 보냈다. 하지만 친모는 끊임없는 애정으로 그를 돌보았고, 친부는 한때 정치인이었는데 파워 스피치로 유명했기 때문에 오바마가 항상 동경했던 멘토였다고 한다.

스피치 멘토는 멀리 있는 것이 아니다. "말하는 법 좀 배워 와라." 하고 스피치 학원만 보내는 것보다 부모 자신이 존경하고 따를만한 스피치 멘토가 되어 주는 것이 가장 바람직하다. 그럴 경황이 못 된다면 학원에 다녀온 아이에게 "오늘 무엇을 배웠니?", "엄마에게 말해 줄래?", "가장 기억에 남는 수업은 어떤 것이었니?", "엄마에게 전달하고 싶은 말은 없니?" 관심을 가지고 함께 익혀 나가는 훈련의 자세가 필요하다. 오바마도 하루아침에 스피치의 달인이 되지 않았듯이 우리도 충분히 시간을 갖고 단계를 밟고 꾸준히 훈련해 나간다면 분명히 웃을 날이 있을 것이다.

첫 장에서는 스피치에서 가장 많이 하는 자기소개 방법을 익히도록 한다. 당신이 현재 어떤 조직이나 단체, 학교 또는 동호회, 동아리 등 모임에 참석했다고 가정해 보자. 가장 먼저 어떤 행동을 하겠는가? 나라면 어떤 사람이 왔는지 주변을 살필 것 같다. 이때 상대방의 인상Impression을 먼저 볼 것이다. 이 인상이라는 것이 바로 '첫인상'이다.

심리학 이론 중 초두효과Primacy effect라는 말이 있다. 동일한 정보라도 먼저 제시된 정보가 더 큰 힘을 발휘해서 더 강한 영향력을 끼친다는 이론이다. 첫인상의 결정도 초두효과의 영향을 받는다. 첫인상이 좋았던 사람은 이해 못 할 행동을 해도 "저 사람은 분명 이유가 있을 거야."라고 생각하지만, 첫인상이 안 좋았던 사람이 나에게 커피 한 잔을 주면 "왜 저러지? 무슨 꿍꿍이지?" 의심의 눈초리로 본다는 것이다.

첫인상이 결정되는 데 미국 사람은 15초, 일본 사람은 6초, 한국 사람은 3초가 걸린다는 설이 있었지만 프린스턴대학교에서는 첫인상이 결정되는 시간은 0.1초밖에 안 걸린다는 파격적인 연구 결과를 내놓았다. 그래서 당연히 처음 만나는 사람에게 자기를 소개할 때는 호감 가는 이미지로 보이는 것이 가장 중요하다. 대부분 자기소개를 할 때 '어떻게 나를 알릴까?' 보다는 '어떻게 하면 빨리 끝낼 수 있을까?'를 먼저 생각하게 되는데 이런 마음은 하루라도 빨리 바꾸는 편이 낫다.

자기소개는 자기를 드러내는 것, 즉 자기 노출이다. 나를 소개할 때 청중은 "저 사람은 어떤 사람일까?"를 궁금해한다. 자신을 잘 드러내야 상대방이 낯선 나에 대한 두려움을 내려놓는다. 사람을 처음 봤을 때 우리는 그 사람에 대한 캐릭터를 내 맘대로 잡아 생각의 상자에 넣어 저장하고 해석하려고 한다. 처음 보는 사람은 "내가 이런 사람이다."라는 것을 보여줘야 긍정적인 인상이 오래 남게 된다. 좋은 유대관계를 맺고 싶고 사람을 사귀는 방법을 배우고 싶다면 자기소개가 좋은 수단이라는 것을 반드시 기억하기 바란다. 그럼 사람들은 "어떻게 하면 자기소개를 어색하지 않고 지루하지 않고 쉽게 할 수 있을까요?", "어떻게 하면 자기소개를 상대방의 머릿속에 각인되게 말할 수 있을까요?"라며 정말 잘하려고 의지를 불태운다. 그러나 남들 앞에서 말했던 경험이 많지 않았던 사람은 오히려 이러한 의지가 독이 될 때가 있다. 너무 잘하려고 하면 망치게 된다. 욕심부리지 말고 '욕이나 먹지 말자!', '리더라는 사람이 말을 저렇게 못해? 소리나 듣지 말자.'라는 마음으로 차분히 하면 된다.

우리는 2~3명이 모이는 맨투맨 스피치는 얼마나 잘하는지 모른다. 술 먹고 들어오던 옆집 아저씨와 엘리베이터에서 만난 이야기, 어제 드라마에서 윤정이네 남편이 바람피워서 들킨 이야기 등은 박수까지 동원해 아주 신나게 할 수 있다. 그런데 앞에 나가 여러 사람에게 나를 소개하라고 하면 정말 앞이 캄캄하다.

자기소개는 나 자신을 잘 알아야 할 수 있다. 나는 아침에 일어나면 제일 먼저 "잘 잤어? 베개를 잘못 베고 잤구나. 목이 아프네. 자세가 이러니까 허리가 아프지. 오늘도 신나게 웃으면서 지내보자."라며 나와의 대화를 시작한다. 우리는 타인에 대해서는 집요하게 분석하고 정보를 수집한다. 그러나 정작 '자신', '나'라는 존재에 대해 잘 모른다. 초등학교 때 선생님께서 나에게 이런 말을 해 주셨다. "지선이가 정리한 것은 다시 점검하지 않아도 돼." 47살이 된 지금, 아직도 생생하게 기억한다. 그래서 중학교 때, 고등학교 때 "저는 정리 정돈을 잘하고 청소를 잘하는 권지선입니다."라고 자기소개를 했던 기억이 난다. 지금 생각해 보면 참 웃기지만 그 당시 아이들에게 "말을 어쩜 그렇게 잘하니?"라는 소리를 들었다.

🗨️ 자기소개 방법

💬 독특한 버릇이나 현재 가장 집중하고 있는 관심 분야 말하기

> 예 저는 주짓수를 3년 동안 배우고 있습니다. 이 운동을 배우기 전에 저는 삶이 무료하고 재미가 없었는데 요즘엔 인생을 행복하게 즐기고 있다는 생각이 듭니다. 제가 다니는 학원은 5개월 수강료를 결제하면 1개월을 무료로 다닐 수 있고 강사님이 정말 미남입니다. 운동에 관심 있는 분은 추천드립니다.

> 예 저는 '물질'이 취미입니다. 서울에서 스쿠버 다이빙을 배웠는데 제주도가 본가라서 두 달에 한 번은 제주도에 가서 바닷속에 들어가 전복을 잡아 맛있는 전복 요리를 해서 먹습니다. 여러분도 제주도에 올 일이 있으면 제게 연락 주세요, 환영의 의미로 물질해서 전복을 따다 드리겠습니다.

🔊 스쿠버 다이빙이라고 하면 꾸민 듯하지만 물질이라고 하면 소박하고 재치 있어 보여서 호감을 살 수 있다.

💬 이름 뜻풀이로 시작하기

예 안녕하십니까. 저는 권지선입니다. 아버지께서 권세 있고 지혜롭고 착하게 살라고 지어주신 이름입니다. 어떠세요, 제 얼굴이 정말 착하게 보입니까?(웃음)

🔊 가장 기본적인 인사방법으로 한자나 한글의 이름을 풀어서 설명하면 사람들의 기억에 남을 수 있다.

💬 동물, 유명인의 비유로 시작하기

예 안녕하십니까. 저는 호랑이를 닮은 ○○○입니다. 호랑이처럼 목소리가 우렁차기 때문입니다. 어흥!(웃음)

예 안녕하십니까. 저는 토끼를 닮은 ○○○입니다. 저는 앞니가 나와서 사람들이 토끼를 닮았다고 합니다.(웃음)

예 안녕하십니까. 트로트 가수 장윤정을 닮은 ○○○입니다. 얼마 전에 제가 가수 장윤정 씨를 닮았다는 말을 하더라고요. 정말 닮았나요? 저는 그 말을 듣고 기분이 참 좋았습니다. 제가 예쁘면서도 밝은 인상의 사람으로 보였다는 거니까요.

🗨 좋아하는 것에 비유하기

> 예 안녕하십니까. ○○○입니다. 저는 골동품 수집이 취미입니다. 오래된 물건을 모아 두다 보니 정이 들어 이제는 물건이라는 개념보다는 새끼와 함께 사는 것 같습니다. 관심 있는 분이 계시면 저희 집에 한번 초대하겠습니다.(웃음)

> 예 안녕하십니까. ○○○입니다. 저는 보시는 것처럼 먹는 것을 참 좋아합니다. 1인 1닭은 저에게 기본입니다. 저와 함께 1닭 하시고 싶은 분은 오늘 모임 끝나면 함께 하실까요?(웃음)

🗨 이유와 각오를 말하기

> 예 안녕하십니까. ○○○입니다. 저는 한자리에 앉아서 책을 완독한 적이 없습니다. 함께 읽으면 좀 나아지지 않을까 기대감을 갖고 독서 모임에 가입하였습니다. 앞으로 비가 오나 눈이 오나 출석을 잘해서 1년에 5권 완독할 수 있도록 노력하겠습니다. 아자 아자 파이팅!
>
> 📢 내가 이 모임에 왜 왔고 앞으로 어떤 마음가짐으로 배우겠다는 각오를 말한다.

🗨 카메라 촬영으로 객관화하기

자기소개할 때 카메라로 촬영한다. 왜냐하면 자신의 모습을 객관화할 수 있기 때문이다. 말할 때 목소리가 작은지, 너무 큰지, 말끝을 흐리는지, 톤이 높은지, 말이 빠른지, 인상을 쓰면서 말하는지, 제스처가 있는지, 천장을 보면서 말하는지 등을 확인하기 위해 자기소개를 반드시 촬영한다.

특히 아이들을 지도하다 보면 카메라 촬영할 때 굉장히 반응이 좋다. "저 못생겼어요. 재미있어요."라는 말을 하면서 자신의 모습을 눈여겨본다. 반대로 수줍음이 많은 아이는 자신의 모습을 보기 싫어한다. 이때 억지로 보여 주지 말고 30초만 보기, 그다음 1분 보기, 이런 식으로 시간을 늘려 가는 것이 반응을 이끌어 내기에 효과적이다.

필자는 목소리와 발음을 굉장히 중요하게 생각해서 자기소개를 훈련한 후 재촬영해서 다시 보여 준다. 전과 후를 비교해 보여 주면 "아~ 목소리가 커야 멀리 있는 사람에게도 잘 들리는구나." 하고 알게 되기 때문이다.

자기소개 리허설 주의 사항

첫째, 앞에 청중이 있다고 생각한다.

둘째, 웃는 표정과 아이컨택과 표정을 신경 쓰면서 말한다.(천장이나 창문을 바라보지 말고 청중의 얼굴을 보고 친근감 있는 표정과 목소리로 말한다.)

셋째, 최 소 2번 이상 리허설을 실시하고 카메라로 촬영하여 꼭 객관화한다.(앞의 내용인 카메라 촬영으로 객관화하기 실천!)

자기소개 진단지

스피치 트레이닝: 촬영한 자기소개를 보고 다음의 진단지에 체크해 본다.

번호	확인 내용	O/X
1	목소리는 잘 들렸는가? (크게 말할 때와 작게 말할 때가 구분되었는가?)	
2	숨이 차지 않고 자연스럽게 천천히 말했는가?	
3	말끝을 흐리지는 않았는가? (어미가 잘 전달되었는가?)	
4	청중을 향해 골고루 쳐다보면서 말했는가? (천장이나 창문을 보면서 말했는가?)	
5	무표정으로 말했는가? ("반갑습니다."라고 인사했을 때 미소를 지었는가? 인상을 쓰면서 말하지는 않았는가?)	
6	발음은 정확했는가? (잘 안 들리거나 얼버무린다는 느낌이 들었는가?)	

| 7 | 손과 발 제스처는 적당했는가?
(말을 시작함과 동시에 손을 올렸는가?) |
| 8 | 자기소개를 끝낸 후 앉았을 때 내가 한 말을 기억하고 있는가?
(내가 말하면서 내 목소리를 듣는 훈련이 되어야 무슨 말을 했는지 기억한다.) |

촬영 후 피드백

① 목소리 - 폐에 담긴 호흡을 끌어올려 성대를 진동시켜야 울림 있는 목소리가 나온다. 숨을 들이마실 때는 배가 나와야 하고 숨을 내쉴 때 배를 끌어당겨 배가 들어가야 한다.

입안에 수박씨 5개가 들어 있다고 생각하고 "퉤! 퉤! 퉤! 퉤! 퉤!"를 실시한다. "퉤" 할 때 배가 들어가는 것을 확인할 수 있다. 아랫배(배꼽 위치)를 당겨야 호흡이 성대를 통해 밖으로 나오게 된다. 아랫배를 당긴다는 말은 복근을 끌어당긴다는 말이다. 이렇게 호흡을 끌어올려야 굵고 울림 있는 목소리가 나올 수 있으니 오래, 많이, 계속, 꾸준히, 성실히 연습해야 한다.

② 발음 - 발음이 좋지 않은 분들은 특징이 있다. 첫째, 입을 벌리지 않는다. 무조건 입을 크게 벌려야 발음이 좋아진다. 둘째, 혀가 입안에서 떠 있다. 혀 위치가 떠 있지 않고 아래로 깔려 있어야 좋은 목소리가 나오는 법이다.

나무젓가락을 물고 "안녕하세요. ○○○입니다."라고 자기 이름을 말해보라. 이때 나무젓가락을 놓치지 않으려고 입 근육을 많이 벌리고 정확한 발음을 얻으려고 혀를 많이 움직일 것이다. 나무젓가락을 물고 발음 훈련을 하는 이유는 '혀를 내리기 위한 연습'을 하기 위해서이다. 혀가 떠 있으면 나무젓가락 위로 올라오게 된다. 설측음(혀의 중앙 부분이 위턱 부분에 접촉하여 공기의 흐름을 막은 채 혀의 양옆에서 공기를 통화시키면서 내는 소리) 발음 외에는 모두 혀를 내려 주어야 발음이 좋아진다. 발음 교정기나 나무젓가락을 물고 말하는 훈련의 목적은 혀가 교정기나 젓가락에 닿지 않게 하기 위함, 즉 혀 내리기 훈련이라는 것을 기억할 필요가 있다.

③ 표정 – 말의 내용에 따라 표정을 지어야 한다. "반갑다."라는 말을 무표정하게 하는 사람, "슬프겠구나."라고 말하는데 표정이 없는 사람을 본다면 상대방이 '과연 이 사람은 진심으로 말하는 사람일까?' 하고 실망하게 될 것이다.

④ 아이컨택 – 상대방의 눈을 1분만 쳐다보자. 생각보다 시간이 정말 안 간다. 웃으면서 20초 동안 이마를 보고, 20초 동안 귀를 보고, 20초 동안 얼굴 전체를 보면서 반복 훈련을 한다면 차츰 자연스럽게 상대방을 쳐다보게

될 것이다.

아이컨택을 잘 못하는 사람을 보면 눈이 아래로 향하거나 눈동자를 심하게 움직이는 경우가 있다. 면접 준비를 할 때 생각보다 많은 이들이 사람의 눈을 쳐다보지 못한다. 눈은 '마음의 창'이라는 말이 있다. 면접관은 면접자가 왜 우리 회사를 지원했고 우리 회사에 대해 무엇을 알고 있는지를 궁금해한다. 그런데 면접관의 눈조차 마주치지 못한다면 면접관은 머릿속으로 어떤 생각을 하면서 구직자의 이야기를 듣게 될까?

미국 예일대학교에서 아이컨택과 관련한 실험을 했다. "가"에게 자신의 스토리를 독백하게 할 것을 지시했고 이 독백을 듣는 "나"는 "가"와 눈을 맞출 것을 요청하였다. 실험 결과 "가"와 "나" 상호 간의 친밀감이 높아졌고 심장 박동 수 증가와 더불어 아드레날린이 정맥을 통해 분비되는 신체적 반응이 일어났다. 이 연구로 눈맞춤을 잘하는 사람은 상대에게 지적이고 추상적인 이미지를 심어줄 수 있다는 결과가 나왔다.

한편 보스턴대학교는 남녀를 대상으로 실험하면서 "A" 그룹에게 서로 대화를 하면서 상대방이 눈을 몇 번 정도 깜빡거렸는지 세어 보라고 요청했고 "B" 그룹에게는 아이컨택에 대한 지시 없이 대화만 유도하였다. 연구의 결과는 어땠을까? "A" 그룹은 서로에 대한 호감과 존경심이 높아진 것을 확인하였다. 그렇기 때문에 서로에 대한 호감 지수를 높이고 싶다면 지금 당장 주저하지 말고 아이컨택을 하라.

그렇다고 너무 상대방을 뚫어지게 쳐다보지는 마라. 한 곳만 뚫어지게 쳐다보면 한국 정서에서는 이상한 사람 취급당하니 얼굴 전체를 7초 정도 보고 코에도 시선을 5초 정도 두고 귀도 5초 정도 보면서 자연스럽게 시선을 움직이면 상대는 나에게 호감을 느낄 것이다.

발표불안
(사회불안장애)
극복

스피치를 배우러 오는 사람들에게 기본 과정이 끝날 무렵 내가 하는 말이 있다. '스피치 동호회'에 가입하여 활동하라고 말이다. 과정을 마치고 나면 연습도 마친다. 누군가와 연속적으로 배운 내용을 반복하는 학습이 필요한데 그럴 용기조차 못 내는 분들이 참 안타깝다.

공기업에 다니는 50대 후반의 분이 찾아와 회의를 이끌어 갈 때 왜 떨리는지 모르겠다고 하소연을 했다. 처음 보는 사람도 아니고 늘 봤던 사람들 앞인데, 나이도 어린 것도 아니고 남부끄러워 회사 생활 못하겠다고 말이다. 그분은 선천적으로 다른 사람보다 강한 떨림증을 가지고 있었다. 어릴 적 "쪼그만 게 뭐 안다고 나불대?" 아빠의 구박을 늘 받고 자랐다고 한다. 유아기나 아동기 시절에 자아가 손상되는 상처를 입은 경험이다. 마음에 상처를 입은 사람들은 성인이 되어서도 이런 트라우마를 겪게 되는 경우가 종종 있다.

발표불안증은 사람마다 다르게 나타난다. 맨투맨 스피치에서는 괜찮은데 퍼블릭 스피치만 하게 되면 그때부터 심한 공포, 불안을 느끼는 사람들이 대부분이다. 발표공포증은 사회불안장애의 일종으로 사회적 관계나 사회적 상황에서 공포나 불안을 경험하는 장애로 분류한다. 자신감 있게 무대에 오르는 것은 누구나 희망하는 모습일 것이다. 우리는 누구나 무대에 오를 때 무서워하지 않고 즐길 수 있기를 소망한다. 무대에 오르면 왜 떨릴까? 나 역시 떨리는 것은 마찬가지이다. 떨리지 않게 하는 약이 있으면 좋으련만 정말 발표불안증이 심한 사람은 청심환도 소용이 없을 때가 많다. 무조건 '떨지 않아야지!' 결심하고 훈련을 반복하는 것도 좋지만 불안의 원인을 이해한다면 훨씬 빨리 극복할 수 있다. 그렇다면 왜 공포를 느낄까?

첫째, 내성적이고 소심한 성격 때문에 무대공포증이 있을 수 있다. 하지만 기업의 CEO를 만나면 적극적이고 활기찬 분들보다는 평소에 말수가 없고 나서기 싫어하시는 분들이 앞에 나가서 침착하게 스피치를 마치고 내려오시는 경우를 종종 볼 수 있다. 반드시 성격이 외향적이어야 말을 잘한다는 것도 논리에 맞지 않는 것이 된다. 원래 내성적인 분들이 훈련하면 스피치를 능숙하게 잘하시는 경우가 더 많다.

《제가 말을 잘 못해요, 소심해서요》의 저자 자오민尚兆民도 예전에는 제일 짜증나는 일이 "인생의 많은 기회를 사람을 잘 사귀고 말 잘하는 사람들에게 자꾸만 빼앗긴다는 사실"이었던 것 같다고 고백했다. 하지만 영화감독을 만나고 작가로 활동하면서 사람들을 인터뷰하고, 직장인을 만나고, 고민 상담을 들어주는 동안 그의 생각이 바뀌었다고 한다. 그는 소심하고 말을 잘 못해도 소통에 큰 문제가 없다고 말한다.

소심하고 내성적인 성격이라면 세심함과 따뜻함의 장점을 발휘해서 상대의 마음을 더 잘 얻을 수 있다는 것이다. 그러니 억지로 성격을 바꾸려고 한다거나 내 성격을 비난하지 않는 자세가 중요하다. 이때 내가 무엇을 잘하는지를 먼저 생각해서 용기를 낸다면 멋진 무대를 즐길 수 있지 않을까?

1년 전 면접을 준비하러 온 대학생이 있었는데 참 똑똑한 친구였다. 말을 하면 할수록 '와~ 애는 정말 책을 많이 읽었구나! 내가 면접관이라면 이 친구의 지식에 감탄할 것 같아.'라고 생각했다. 그런데 딱 한 가지 '이것만 고치면 정말 좋겠다.'라는 것이 있었다. 그것은 잠들어 있는 표정이었다. 일단 질문을 주고 답하는 장면을 촬영해서 보여 줬더니 "선생님 저는 내성적이라 목소리도 작고 표정도 없는 것 같아요."라고 말했다. 그때 '애가 몰랐던 것이 아니구나!'라고 생각했다.

그 후로 나는 이 친구의 장점(외모와 성격)과 강점(일의 능력)을 찾아내어 수시로 칭찬해 주었다. "어머, ○○아 너 눈동자가 어쩜 이렇게 맑니?", "어머, ○○아 너 웃는 모습이 아이유보다 예쁜 거 알아?", "목소리는 작지만 음색이 정말 듣기 편해. 그러니 조금만 더 크게 말하면 힐링보이스가 될 것 같아."라고 했더니 그때부터 자신을 관찰하고 자신에게 관심을 가지고 자신을 꾸미기 시작했다.

마지막 수업 시간에 문을 열고 들어오는데 주저앉을 뻔했다. 너무 예뻐져서 나타난 것이다. 검은 뿔테 안경을 벗고 스커트를 입고 부스스했던 머리가 찰랑찰랑해져 있었고 환하게 웃고 있었다. "대박!" 엄지를 치켜세우고 "남자들 따라오지 않았니?" 묻자 "한 트럭이 대기 중이에요."라고 받아치는 말주변에 놀라지 않을 수 없었다. 그 후 이 친구는 어떻게 되었을까? 당연히 원하는 회사에 입사하였다. 어쩌면 서툰 스피치는 자신이 놓은 올무에 묶여 머물러 있을 때 생기는 일이라고 생각한다. 이 덫에서 벗어나는 길은 스스로의 노력밖에 없다.

둘째, 완벽주의자가 되려고 하기 때문이다. '완벽주의자는 말을 잘하겠지?'라고 생각하는 사람들이 많다. 그런데 반대라는 사실을 기억하기를 바란다. 완벽주의자는 자신의 철저함 때문에 자신에게 인색하다. 그러니 조금의 실수도 허용하지 못하고 허점으로 생각하기 때문에 만족하지 못한다. 스피치를 배우러 오는 사람 중 이러한 완벽주의 성향의 수강생을 대할 때 가장 힘이 든다. '실수하면 안 돼.'라는 강박감이 스스로를 힘들게 만드는 경우가 있다. 이럴 때는 그냥 내려놓고 내가 10번을 연습했다면 5번 연습한 것처럼 하자는 마음으로 자신에게 너그러워져야 더 좋은 결과를 얻을 수 있다.

셋째, 어릴 적 또는 성인이 되어서 발표를 한 경험이 있는데 부끄러움을 당해서 트라우마가 생겼기 때문이다. 이런 경우는 특별한 답이 없다. 긍정적인 생각을 하면서 수시로 무대에 계속 올라가서 깨지고 또 깨져서 부서지고 무뎌지는 수밖에 없다. 그렇게 자신을 인정해 나가며 마음이 단단해질 때 비로소 무대에서 자유로워질 수 있다. 스피치는 심리적인 요인과 많은 연관이 있으므로 '틀려도 괜찮다'는 마음으로 계속 시도해야 한다.

넷째, 경험이 부족하기 때문이다. 앞에 나와 본 적이 없는데 어떻게 실력이 늘 수 있을까? 학원에 다닐 여력이 되지 않는다면 무조건 집에서 일주일에 두 번씩 카메라를 세워 놓고 주제를 정해서 3분이든 5분이든 스피치를 하는 것이다. 반복 훈련이 자신을 견고하게 만들어 줄 것이다.

다섯째, 아는 것이 없다고 생각해서 스피치에 두려움을 가지기 때문이다. 처음 만난 사람과 대화를 5분만 나눠 보면 이 사람의 스피치 스타일과 성격, 지식의 수준까지 가늠할 수 있는 것이 스피치 실력이다. 즉, 아는 만큼 말할 수 있다. 지식이 부족하다 보니 정확한 어휘를 선택하지 못하고 특히 결과의 불확실성에 불안하여 초조하기 때문에 울렁증이 생기는 것이다.

그럼 어떻게 해야 할까? 책도 많이 읽고 논리적으로 말하는 훈련을 해야 조금 변할 수 있다. 막연하게 "아~ 난 말을 못해." 하고 넘어가는 것이 아니라 내일 어떤 만남이 있는지와 그 모임의 중요도를 체크한다. 내가 내일 ○○장소에 가기로 했으면 그곳에 맞는 스피치를 미리 준비해야 한다. 자기소개를 시킬 것 같으면 짧게라도 미리 준비하고 소리 내서 중얼중얼거려야 한다. 어떤 말을 할지 내용도 생각하는 게 좋다.

그리고 내가 자주 하는 방법인데, 자신이 없게 되면 목소리가 작아지니 무조건 반말로 훈련한다. 이 방법은 라온제나 스피치의 임유정 원장께 배운 방법인데 정말 나에게 효과가 좋았다. 보통은 사람들 앞에 서면 목소리를 먹거나 말끝 어미를 흐리게 되는데 이 방법은 말끝 전달을 깔끔하게 만들어 주기에 충분했던 방법이다. 리허설을 할 때

존대어를 빼고 다 반말로 바꾼다. 예를 들어 "안녕하십니까. 반갑습니다. 오늘의 주제는 성공학개론입니다. 성공하면 무엇이 떠오르십니까? 돈이요? 인생이요? 저는 돈을 많이 벌어 부자가 된 사람이 아닙니다. 그러나 저는 제 인생을 정말 신명나게 살았습니다. 돈에 초점을 두는 게 아니라 재밌게 사는 것이 성공이라는 주제로 강연을 이어 나가도록 하겠습니다. 재테크나 주식에 관한 내용을 듣고자 오셨다면 지금 바로 나가 주십시오." 이 말을 반말로 해 보겠다.

"안녕 반가워 오늘의 주제는 성공학 개론이야. 성공하면 무엇이 떠오르니? 돈? 인생? 나는 돈을 많이 벌어 부자 된 사람이 아니야. 난 인생을 정말 신명나게 살았어. 돈에 초점을 두는 게 아니라 재밌게 사는 것이 성공이라는 주제로 강연을 할 거야. 재테크나 주식에 관해 들으러 왔다면 지금 바로 나가줄래?" 이렇게 연습을 하면 첫음절에 악센트가 들어가 말이 훨씬 잘 들리고 어미가 딱 끊어져서 자신감 있게 들리게 된다.

여섯째, 원고의 노예가 되기 때문에 즉흥 스피치에 약하다. 말할 내용을 정리하는 습관은 아주 중요하다. 그러나 말할 기회가 생각보다 즉흥적인 장소에서 올 때가 더 많다는 사실을 기억해라. 원고를 작성할 시간이 없다면 어떻게 할까? 이제는 더 이상 끼적거리지 말고 키워드를 정리한 다음 에너지를 아래로 떨어트리는 게 아니라 앞으로 쏘기 바란다.

마지막으로 불확실성 때문일 수 있다. 발표의 결과가 중요할 때 훨씬 많이 떨린다. "내 프레젠테이션이 성공적이어야 몇십억의 공사를 따낼 수 있어!" 당신이라면 안 떨고 넘어갈 수 있겠는가? 도대체 어떻게 해야 결과가 좋을까? 딴 방법은 없다. 무조건 많이 훈련하는 것이다. 서론, 본론, 결론이라는 논리적인 구조를 만들고, 발표 전까지 날짜를 세고, 목소리를 2배 정도 크게 훈련하고, 발표 장소도 미리 가서 기자재나 청중 의자 배치가 어떻게 되어 있는지 살펴보고, 리허설 때도 발표할 때의 옷차림과 신발까지 갖추고 포인터까지 들고 직접 서서 연습해 봐야 한다. 그렇게 되면 발표 당일에도 머릿속에 키워드가 생각나기 때문에 떨려도 말을 할 수 있다.

스피치는 단순한 사람들의 실력이 빨리 향상된다. 왜 사람들은 스피치 교육의 필요성을 알면서도 "배워서 되겠어?", "타고나는 거지." 하고 포기하고 그냥 되는대로 살아가는 것일까?

주변에 항상 인상을 찌푸리며 말하는 친구가 있다. 대화를 나누던 중 얘는 자기의 모습을 알고 있을까? 너무 궁금해서 이렇게 말했다. "너 말할 때 미간과 이마에 주름이 많이 가는 거 알고 있어?" 했더니 "아~ 뭐 그냥 사는 거지, 나이 들었는데 수술을 할 수도 없고." 그렇게 말하는 친구가 안타까워서 이렇게 말해 줬다. "거울을 보고 말하는 훈련을 해봐. 내 모습을 보기 때문에 인상 쓰는 모습이 충격일 거야. 객관화 훈련이 필요해."라고 진정으로 친구를 위해 도움을 주었다. 그런데 돌아오는 반응은 싸늘했다. "너는 강사니까, 스피치를 하는 사람이니까 되겠지만 난 안돼."라고 선을 그어 버렸다. 즉 내 모습이 싫어도 막상 해결 방법을 제시하면 고개를 젓는다는 것이다. 스피치 능력이 향상될지 부정적으로 생각하거나 의심하지 말고 도전하기를 바란다.

　마지막으로 스피치를 하기 3일 전부터 리허설을 꼭 하라고 권면하고 싶다. 그래야 떨려도 말을 할 수 있다. 발표 당일에 입을 정장을 정성껏 차려입고 구두까지 신고 실전 상황처럼 똑같은 조건을 만든다. 발표 떨림은 말하기 시작 전후에 가장 심한데 시작 부분의 준비를 게을리하면 처음부터 당황해서 말을 빨리하고 복식호흡도 놓치고 아무 말 대잔치로 전락할 가능성이 높다.

　실제 발표와 똑같이 PPT도 띄우고 포인터도 누르면서 손동작, 발동작까지 제대로 훈련해야 한다. 눕거나 앉아서 속으로 달달 외워도 그건 리허설이 아니라는 사실을 명심해라. 왜냐하면 스피치는 몸 훈련을 통해 몸에 습관을 들이는 연습을 해야 하기 때문이다. 이렇게 훈련을 했는데도 실전에서 말실수를 했다면 솔직하게 말해 보자. "제가 어제까지도 리허설을 5번이나 했는데 실수를 했네요. 긴장돼서 다시 말이 빨라지려고 합니다. 허허허." 이렇게 솔직하게 말하면 나도 편해지고 청중도 솔직한 연사의 모습에 응원의 박수를 보낼 것이다. 어떠한 일이든 처음은, 그리고 두 번째, 세 번째는 자신감이 없다. 익숙하지 않기 때문이다. 이것을 해결할 수 있는 방법은 직접 경험, 계속 경험뿐이다. 스피치는 무조건 배웠던 것을 반복 훈련하면 실력이 쭉쭉 향상된다.

💬 발표불안 극복 실전 편

얼마 전 SBS '동상이몽2' 전진, 류이서 부부의 '펜트하우스 시즌2' 카메오 출연 이야기를 시청했다. 류이서 씨가 시종일관 긴장하고 있는 장면이 눈에 띄었다. 연기 경험이 없는 일반인 류이서 씨가 "민폐 끼칠까 걱정된다."라며 무거운 마음을 내비쳤다. 대사 연습을 하면서 봉태규 씨가 류이서 씨에게 했던 말이 와닿았다. "우리도 스탠바이 큐! 하면 떨린다. 항상 떨린다. 긴장된 마음을 갖고 연기를 하는 것이다."라고 말하면서 류이서 씨를 진정시키는 장면이었다. 성실하게 준비하고 훈련하면 우리도 발표불안에서 충분히 벗어날 수 있다. 그러니 용기라는 무기를 장전하고 앞만 보고 나갈 준비를 하자.

TED(기술·오락·디자인 강연회를 하는 미국 비영리 재단)를 이끄는 기획자 크리스 앤더슨Chris Anderson은 《테드 토크TED TALKS》라는 책에서 발표공포증을 극복하는 방법을 제시하였다.

첫째, 물을 마신다. 긴장했을 때 아드레날린 분비로 입이 말라서 말이 잘 안 나오기 때문이라고 한다.

둘째, 뭐라도 먹자. 뱃속이 비면 긴장이 심해져 영양가 있는 음식을 먹도록 권하는 것이다. 단, 영양가 있는 음식을 먹는 건 괜찮지만 많이 먹는 것은 조심하라고 권면한다. 특히 단 음식은 절대 입에도 대지 말라고 하는데 단 음식은 침을 많이 생성시키기 때문이다. 말할 때 침을 삼키게 되는데 이때 긴장을 하면 사례들릴 확률이 높아진다. 그리고 말을 많이 할 경우 특히 우유나 두유 등 유제품은 삼가라고 말한다. 이러한 유제품 때문에 성대에 점액질이 붙어 헛기침을 유발할 수 있기 때문이다.

셋째, 취약함이 가진 힘을 기억하자고 말한다. 이는 청중도 연사를 기억하고 포용할 준비가 되어 있다는 말로 해석된다. 연사가 떠는 목소리를 듣는 순간 청중도 함께 긴장한다. "저 사람이 실수하면 어떻게 하지?" 즉 공감으로 함께 스트레스를 받게 된다. 그래서 솔직하게 자신을 내려놓고 이렇게 말하면 된다. "죄송합니다. 제가 연설 경험이 없어서 이렇게 불안하네요."

넷째, 청중 사이에서 '친구'를 찾는다. 이 말은 무슨 뜻일까? 나를 향해 눈빛을 맞춰 주고 웃어 주고 공감 어린 시선을 보내 주는 사람을 찾아 나서라는 뜻이다. 공포증이 심한 사람은 앞을 보지도 못하고 먼 산을 보거나 천장이나 창문을 보고 말하기도 한다. 시선을 회피하면 불안이 더 높아진다.

TED로도 불안하다면 다음의 방법에 도전해 보도록 하겠다.

🗨 내 단점 훈련하기

왜? 단점을 말해야 할까? 내가 잘하는 것보다 못하고 약한 부분을 얘기하는 것은 창피한 일이다. 그러나 우리가 나의 단점을 말하게 되면 타인은 오히려 더 나에게 호의적이게 된다. 이때 단점을 말할 때는 약점을 말하면 안 된다. 약점과 단점의 차이는 무엇일까? 약점은 천성적이라 바꿀 수 없는 것이고 단점은 내가 노력하면 고칠 수 있는 여지가 있는 것이다.

🗨 내 단점 말하기

예 저는 말을 더듬습니다. 마음이 급해지면 더 심해집니다. 제가 말을 더듬더라도 웃지 마시고 저를 이해해 주시고 격려해 주시면 편하게 스피치를 배울 수 있을 것 같습니다.

🗨 상대방의 단점 인정·격려해 주기

예 아~ 그런 단점이 있었군요. 정말 대단하세요. 저 같으면 스피치를 배울 생각을 못 했을 텐데… 용기가 대단하십니다.

🗨 내 단점을 장점화하기

예 저는 말을 하기 전에 생각을 오래 하는 편입니다. 그래서 주변에서 답답하다고 합니다. 그러나 한편으로는 신중하다는 장점이 될 수도 있다고 생각합니다.

예 일에 대한 욕심이 많아 한꺼번에 처리하려는 경향이 있습니다. 우선순위를 정해서 효율적으로 일하려고 노력하고 있습니다.

단점을 말할 때 약점을 말하지 마라. 예를 들어 "게으르다. 욱한다.

스트레스를 많이 받는다. 예민하다. 고민이 생기면 다른 일을 못 한다.” 이런 말들은 약점이다. 약점이란 사람들이 이용하기 쉬운 허점이다. 조금 더 개선의 의지로 표현해서 “성격이 느긋해서 발표 날짜가 며칠 안 남았을 때 몰아서 일하는 편입니다. 그래서 달력에 발표 날짜를 적어 놓고 수시로 보면서 미리미리 준비하는 습관을 기르는 편입니다.”라고 장점화시키면 “이 사람은 참 열심히 사는 사람이구나!”라는 이미지를 심어줄 수 있다. 개선의 여지가 있는 단점을 준비해야 한다는 점을 꼭 기억하기를 바란다.

🗨 육하원칙으로 말하기

육하원칙은 스피치 영역의 논리성에 해당된다. 말을 할 때 논리적(이치에 맞게 말하는 짓)이지 못하면 내 수준을 사람들에게 들키게 된다는 생각 때문에 더 주눅이 들 수 있다. 이럴 때 내가 활용하는 스피치가 육하원칙으로 말하기이다. 문장 구조를 머릿속으로 생각하면서 말하는 훈련을 반복한다.

– 언제

– 어디서

– 누가

– 어떻게

– 무엇을

– 왜

❖ 학교나 직장에서 있었던 일 ⋯⋯⋯⋯⋯⋯⋯⋯⋯⋯⋯⋯⋯⋯⋯⋯⋯⋯

　예 어제/엊그제(언제) 학교/직장에서(어디서) 친구/동료/상사랑(누가)
　　재미있게(어떻게) 줄넘기를 하고 놀았어요(무엇을) 심심해서요(왜)

❖ 여행에서 있었던 일 ⋯⋯⋯⋯⋯⋯⋯⋯⋯⋯⋯⋯⋯⋯⋯⋯⋯⋯⋯⋯⋯⋯⋯

　예 작년 겨울에(언제) 싱가폴에서(어디서) 남편이(누가) 꽃다발을 들고
　　와서(어떻게) 결혼기념일을 챙겨 줬어요(무엇을) 제가 이번에도 그
　　냥 지나가면 가만두지 않겠다고 했거든요(왜)

　불안을 잠재우기 위해선 남 앞에 많이 서 보면서 더불어 나만의 효
율적인 말하기 방법을 찾아보려고 노력하는 자세가 중요하다. 앞에 서
서 반복적으로 훈련해 봐야 나만의 경험이 생기고 말하기 실력이 업그
레이드된다.
　내가 속상했던 일, 기뻤던 일, 신났던 일, 오늘 있었던 일 등을 주제
로 지금 바로 거울 앞에 서서 1분 동안 생각하고 입 밖으로 소리를 꺼
내어 말해 보는 것이다.

💬 적극적 청중 vs 부정적 청중 눈 맞춤 훈련

　스피치는 100% 훈련에 의한 후천적인 노력으로만 성공한다고 할 수
는 없다. 타고난 끼나 깡이 있으면 상대적으로 더 잘할 수 있다. 그렇
다고 나는 끼도 없고 깡도 없다고 포기하지 말고 눈 맞춤 훈련으로 이
부분을 강화시켜 나갈 수 있도록 노력해야 한다. 자신감이 없을 때, 준
비되어 있지 않을 때 나는 "오늘 강의하기 싫다."라는 생각이 먼저 들

어 반복적으로 시계만 보고 휴대폰만 쳐다보고 있는 자신을 발견한다. 이렇게 해서는 타인을 설득하기는 고사하고 나 자신에게도 부끄러울 뿐이다.

게으름을 뒤로하고 지금 바로 자리에서 일어나 내 스피치를 들을 사람들을 한 명씩 떠올려 보라. 나를 향해 환호성을 지르며 박수를 보내주는 그들을 생각해 보라. 기분이 좋지 않은가! 내가 이분들에게 나눠줄 선물을 준비하듯 최선을 다해 스피치를 준비하고 발표 당일에 선물을 받을 청중을 생각해 보면 마음에 기쁨이 샘솟을 것이다. 스피치는 이런 마음으로 해야 한다. 억지로 해야 하니까 한다는 마음으로는 절대 나와 상대방을 설득할 수 없다. 떨리는 마음을 그럼 어떻게 해야 할까?

나는 인터넷이나 전문 서적에서 자료를 얻어 도움을 받는다. 인터넷 포털 사이트에서 '적극적인 청중'이나 '청중 사진'을 검색하면 이미지가 뜬다.

첫째, 여러 청중 사진을 인쇄하고 전지 두 장을 준비한다. 첫 번째 전지 위에 "적극적인 청중"이라고 글씨를 쓰고 글씨 아래 여러 사진을 붙여서 벽에 붙인다. 다른 한 장에는 "부정적인 청중"이라는 글씨를 쓰고 글씨 아래 여러 사진을 붙여서 벽에 붙인다.

둘째, 적극적인 청중을 먼저 보고 스피치 훈련을 한다.

셋째, 부정적인 청중을 보고 스피치 훈련을 한다. 이때 시간을 기록해 두면 부정적인 청중을 보고 할 때가 10분 정도 오버된다. 왜일까? 휴대폰을 보는 청중, 하품하는 청중, 팔짱 끼고 째려보는 사람을 보면 위축되어 말을 더듬거나 반복하는 실수가 나오기 때문이다.

넷째, 적극적인 청중과 부정적인 청중을 번갈아 쳐다보면서 훈련한다. 이렇게 4~5번은 리허설을 해야 내 몸이 상황을 기억해서 현장에서 떨려도 내용이 기억나기 때문에 실수를 줄일 수 있게 된다. 가만히 앉아서 또는 누워서 대충 내용만 훑는 것은 리허설이 아니다.

무대에 오르는 것은 정말 힘든 일이다. 그런데 우리는 그 힘든 일을 위해 제대로 된 준비를 하지 않는 경우가 많다. 큰 용기를 내라는 말이 아니다. 발표 5일 전 맘속으로는 계속 발표가 생각나고 불안하면서도 "어쩌지~ 어쩌지"라며 인터넷 포털사이트만 뒤적거리면서 "발표불안증 없애는 법"만 며칠 찾아봤자 소용없다. 지금 당장 친구가 저녁에 만나 저녁을 먹자고 해도 거절하고 발표 준비에 온 열정을 쏟아야 한다. 이러한 작은 용기가 모여 하나의 선택이 되고 그 선택이 모여 현재와 미래의 나를 만들게 된다. 자! 작은 용기를 내 보자.

* PART 2 *

Voice
Training

&

리액션·표현력
기르기

Voice Training

> "영혼 속에는 소리들과 공감되는 부분이 있다. 마음
> 이 그러하듯 소리가 들리는 귀는 즐거워지며 오만함이 없거나 호전적
> 이거나 생기 있거나 우리가 듣는 합창의 어떤 화음은 우리의 내면을
> 감동시키며 마음은 그에 응답한다."

– 윌리엄 코퍼_{William Cowper}

인간은 세계에 대한 정보를 전달하기 위해 말을 사용하였다. 좋거나
나쁠 때, 즐겁거나 그렇지 않을 때, 정돈되어 있거나 흐트러져 있을 때
상황에 따라 목소리가 다르게 전달된다. 말의 뉘앙스, 말투는 억지로
기교만 부린다고 작동되는 것이 아니다. 내 마음의 상태를 완전히 바
꿔 놓았을 때나 말투를 바꾸는 것이 가능한 법이다. 그래서 매일 매일
수련하듯 살아야 한다.

긍정적인 자기실현의 예언이 나와 모두의 삶을 더 풍요롭게 만든다
는 말이 있다. 《아프리카에서 온 암소 9마리》라는 책을 보면 자기 긍
정의 에너지에 대해 이야기한다. 긍정적인 생각이 중요하다는 것을 알

면서도 그걸 실천하지 못하는 가장 큰 이유는 "조건 없는 믿음을 갖지 못하기 때문"이라고 한다. 아이에게 칭찬하는 것이 좋다는 것을 알면서도 "현실에서는 불가능하다."라고 말한다. 부모는 아이에게 "공부를 잘하면 칭찬을 해 줄게."라는 조건부의 칭찬을 하기 때문이다.

친구 관계나 회사에서도 신뢰가 중요하다. 내가 받기보다는 베푸는 것이 좋은 인간관계를 유지하는 비결인 것을 우리는 알고 있다. 하지만 그렇게 베풀면서 살다가도 동료가 배신하거나 동료와의 관계에서 부정적 경험이 쌓이면 베푸는 행동을 멈춘다. 이것 역시 자신이 돌려받을 것을 생각하며 베푸는 조건부의 믿음을 보여 주는 사례라고 작가는 말하고 있다.

그렇다면 당신은 자신을 믿고 있는가? 어쩌면 나 자신에게도 조건부의 믿음을 가지고 있는 것은 아닌가? 자신을 믿으면 자존감은 높아지게 되어 있다. 스스로 믿으면 신비한 힘이 생겨 나를 일으켜 줄 뿐 아니라 상대방을 일으켜 세울 수 있는 힘이 생기는 법이다. 그러니 우리가 스피치를 배울 때 내가 잘되기 위해, 내 이익을 위해 배우지 말고 타인에게 도움을 준다는 생각으로 배워야 나를 이해하고 내 중심이 바로 설 수 있고 관계가 향상될 수 있다.

얼마 전 탤런트 김명민 씨 연기를 보면서 어쩜 저렇게 깊은 동굴 목소리를 낼 수 있을까? 입을 벌리고 TV를 시청한 적이 있다. 그는 아침마다 화장실에 갈 때 대본을 가지고 들어간다고 한다. 왜 화장실일까? 화장실에서는 울림이 배가되기 때문에 내 목소리를 크게 들을 수 있고 소리가 좋게 들리기 때문이다. '배우는 연기만 잘하면 되는 거 아닌가?'라고 생각할 수도 있겠지만 가장 중요한 것은 내용의 전달력이다.

멋진 배우가 "저를 아껴 주셔서 감사합니다."라고 말해야 하는데 "더들 아꼬듀뎌뎌 간타하미다." 떨리는 목소리, 모기 소리, 혀 짧은 소리 3종 세트 목소리를 낸다면 과연 사람들은 그 배우를 얼마나 좋아하게 될까?

미국의 UCLA대학의 심리학과 교수인 앨버트 메라비언Albert Mehrabian은 그의 저서 《침묵의 메시지》를 통해 커뮤니케이션 단계 이론에서 "호감도"를 주장했다. 당신은 처음 만난 사람의 어떤 부분에 호감을 느끼는가? 그리고 어디를 먼저 보게 되는가? 나는 눈을 먼저 보고 외적인 모습에 호감을 느끼는 편이다. 앨버트 메라비언은 '타인을 만났을 때 어떤 것에 호감을 느끼게 되는가?' 분석했는데 말의 내용이 7%, 보이스가 38%, 시각적인 요인, 즉 태도와 표정 등이 55%의 영향을 미친다는 결과가 나왔다. 이 말은 논리보다는 목소리, 표정, 눈빛, 자세, 제스처 같은 비언어적인 요소가 호감을 느끼게 하는 요소 중 93%를 차지한다는 말이다. 말만 하는 것보다는 몸으로 손으로 눈으로 소리로 함께 거들었을 때 효과가 극대화가 된다고 설명할 수 있다.

이처럼 스피치에서는 보이스를 빼놓고 이야기를 할 수 없다. 보이스는 스피치의 꽃이기 때문이다. 나는 어릴 적 말을 참 많이 더듬어 책을 읽을 때나 대화를 할 때 어려움을 많이 겪었다. "저, 저, 저,"만 하다가 끝난 적도 참 많았다. 부모님께 많이 혼나기도 했다. 지금 생각해 보면 말을 더듬는 것이 나에게는 굉장히 스트레스였던 모양이다. 이대로는 살 수 없다는 생각이 간절했던 것 같다. 반드시 고치겠다는 마음으로 초등학생 시절 손전등을 들고 이불을 뒤집어쓴 후 큰 소리로 책을 읽었다. 왜 이불 속에 들어갔을까? 소리가 밖으로 새어 나가 부모님께 혼날 것을 두려워했기 때문이다. 아마도 그 시절 '이렇게 열심히 하면 자신감이 생기지 않을까?' 하는 기대감에 시작했던 것 같다. 그 당시 백지연 아나운서가 대세였는데 9시 뉴스를 듣고 카세트테이프로 녹음하고 뉴스가 끝나면 다시 이불 속에 들어가 녹음기를 재생해서 듣고 말하고를 반복하며 공책에 적었다. 11시는 되어서야 잠든 날도 부지기수였다.

이렇게 말하기를 3년 정도 하다 보니 내가 터득한 것은 말을 할 때 첫음절을 강하게 해야 말을 더듬지 않고 어미가 깔끔하게 내려오면서 안정된 목소리가 만들어진다는 것이었다. 더구나 학창 시절에는 비염도 있어서 코맹맹이 소리도 자주 났다. 그럴 때마다 입을 더 크게 벌리고 혀를 아래로 내려서 나무젓가락을 물고 연습했다. 어떻게 하면 비강음을 고칠 수 있을까? 고민했다. 스피치 책을 참고해 보니 비강과 구강은 연결되어 있기 때문에 입을 크게 벌리면 비강음이 구강음으로 바뀐다고 했다. 그 사실을 알고 밤낮으로 훈련했다. 그 결과 내 입 모양은 정확하게 모음 위주로 바뀌었고 입 근육과 혀 근육도 유연해질 수 있었다. 당연히 고등학교에 올라가서는 친구들을 많이 사귈 수 있었고 촉새처럼 떠드는 일도 많아졌다. 하루는 도덕 선생님께서 "오늘은 9일이니 49번 책 읽어라!"라고 하셨다. 49번인 내가 두 단원을 읽었는데도 "그만!" 끊지 않아서 "선생님 다 읽었는데요."라고 말했더니 "너 공부 좀 하니? 신방과 가서 아나운서 하면 참 잘하겠다. 어쩜 그렇게 책을 귀에 쏙쏙 박히게 잘 읽니?"라며 칭찬을 해 주셨다. 그 순간 어렸을 때의 고생을 보상받은 것 같아 엉엉 울었던 기억이 난다. 지금까지 살면서 그런 행복한 칭찬을 들은 적이 없었던 것 같다. 카타르시스란 것이 어떤 것인지 그 시절 경험했었다. 어릴 적 간절함에 끊임없이 노력했는데 결과는 나를 배신하지 않았다. 나같이 간절한 분들이 분명 이 책을 읽고 있으리라 믿는다.

어느 책에서는 이렇게 말한다. "스피치에서 가장 중요한 것은 발음이 아닌 콘텐츠다. 아무리 사투리가 심하고 혀가 짧아도 들을 만하게 말하면 청중은 다 듣게 돼 있다."라고 말이다. 그러나 아무리 논리적이더라도 그의 말투가 정말 촌스럽고 혀 짧은 소리에 앵앵거리는 말투라면 차라리 안 듣고 말겠다. 운전하면서 라디오를 듣다 보면 정말 피곤한 목소리의 DJ들을 접할 때가 있다. 피곤한 일상을 감미로운 목소리로 위로받고 싶지, 걸걸~하고 막걸리 찌꺼기 같은 DJ의 목소리를 즐겨 들을 사람은 없다. 실제 스피치를 배우려는 사람들도 논리적인 부분보다는 말투나 목소리, 발음 교정을 원해서 배우려는 사람들이 더 많다. 포기하지 말고 욕심부리지 말고 꾸준히 조금씩 습관을 만들어가기를 응원한다.

목소리

> "하나님이 그의 콧구멍에 생명의 숨결을 불어넣자, 드디어 사람은 살아 있는 영혼이 되었다."(창세기)

우리의 몸은 손뼉을 칠 때, 발을 동동 구를 때, 잠을 자면서 이를 갈 때 모두 소리를 낼 수 있다. 우리 몸에서 나는 소리 중 목소리는 울림을 통해 성대를 사용해 후두 안에서 만들어진다. 목소리는 단순히 소리를 내는 신체적 도구가 아니라 우리의 정서와 정신에 영향을 미친다. 가스펠을 듣고, 가사가 익숙해 따라 부르고 묵상하면 내 영혼이 평안해지고 영적인 통일에 다다르게 되는 것을 느낀다. 그러면서 이 세상을 살아갈 수 있는 힘이 생긴다. 잘 훈련된 목소리의 힘은 청중에게 희열과 희망을 준다. 목소리는 자신감과 소통 능력에 중요한 역할을 한다. 그렇기 때문에 우리는 건강한 소리를 만들어 내야 한다. 건강한 목소리란 생명력이 있는 목소리이다. 누가 들어도 힘이 있고 열정적인 목소리를 말하는 것이다. 목에 이상 신호가 와서 병원에 다니는 등 목소리의 건강까지 위협받은 사례도 종종 접하게 된다. 건강하지 않은 목소리를 가진 사람들은 "계속 목이 아파요, 말하기가 무서워요."라며 관계에서 계속되는 갈등을 겪게 된다. 좋은 목소리를 가지고 싶은 마음과 바르지 않은 자세의 부조화는 스스로를 억압하는 결과를 만든다. 좋은 목소리를 만들기 위해서는 바른 자세가 중요하다. 거북목을 한 사람들은 거북이 같이 말을 한다. 목소리가 자연적으로 기능하기 위해 어깨는 턱선 밑에 두어야 한다.

다음 표의 내용을 읽어 보고 나는 이에 해당되지 않는지 진단해 보기 바란다.

목소리 특징	가능한 문제
윤기 없고 혼탁하며 문장을 말할 때 음이 내려감. 표현의 높고 낮음이 부족한 변화 없는 음	신체적, 정신적 수준 모두에서 피로함
슬픈 소리, 습관적으로 어떤 특별한 이유 없이 '금방 눈물을 흘릴 것 같은'	코, 목 혹은 폐의 감염 같은 호흡기에 관련된 불균형
이유 없이 화난 목소리	간, 담즙, 그리고 비장 관련 질병
두렵고 불안함. 떨리고 주저함	방광과 소변의 고통
낮고 잠이 오는 듯한 발음을 가진 '둔탁한' 소리	미열, 구토
과장되어 '노래를 부르는 듯한' 억양	환상 혹은 우월감을 가지고 과거에 사로잡힘
막힌 듯한 혹은 움켜진 듯한 소리	직장에서 수치를 당함. 자아상의 상실, 다른 사람에 의해 강요된 침묵
일시적 목소리 상실	쇼크, 사별, 성적 상해, 감정적으로 속박을 당한 느낌
빠르고 변덕스러운 말을 가진, 스트레스를 가진, 무리한 듯한 목소리, '폭발적인' 자음, 과도하게 감정 이입적인	순환계 질병, 고혈압, 과다 행동의 경고 표시

출처: 《소리치료》(학지사)

💬 무턱대고 따라 하지 말자

어느 스피치 책이 화제가 된 적이 있다. 모두가 그 책을 읽고 나면 말을 잘할 거라고 기대하고 책은 구입하지만 읽다가 포기한 사람은 읽고 나서 "음~ 내용 괜찮네." 정도로 끝이 난다. '나도 이렇게 훈련하면 될까?' 해서 열심히 스피치 강사를 따라 하지만 무턱대고 따라 하지 말라는 조언을 주고 싶다. 내 목소리 상태가 어떤지도 알아야 하고, 나는 어떤 보이스 스타일을 갖고 싶은지도 생각해 봐야 한다. 호흡과 발성 훈련 없이 목소리만 따라 하려고 하는 것은 스케치북에 밑그림도 그리지 않은 채 물감부터 풀고 있는 모습과 똑같다. 내 목소리 상태가 현재 잠겨 있고 헛기침이 많이 나고 쉰 목소리가 난다면 복식호흡과 발성 훈련을 통해 건강한 성대 만들기에 돌입해야 한다. 그다음 동경하는 보이스 스타일을 선정해 따라 하기로 들어가야 한다. 내 단점을 충분히 알고 보완해야 한다. 내 발음, 특히 안 되는 특정 발음을 찾아내고 목소리의 톤이나 말투를 이해해야 한다. 평소에 "말투가 왜 그래?"라는 지적을 많이 받았다면 반드시 별표를 해 두고 고치는 훈련을 해야 한다. 말하기 방법을 모른다면 대화법을 공부해야 한다.

연세대학교 100주년 기념관에서 김주하 아나운서의 목소리를 듣고 나는 그의 매력에 푹 빠졌다. 나는 목소리 톤이 높았고 감정 기복이 커서 그대로 내 기분이 목소리에서 느껴졌는데 그녀는 그렇지 않았다. 메시지가 정확했고 절제된 감정 조절로 말하면서도 열정적이었다. 그 모습을 닮고 싶었다. 그 이후로 그녀가 하는 프로그램은 다 줄줄 꿰찼고 제스처나 앉아 있는 자세나 옷 입는 스타일까지도 따라 했다. 사람을 좋아하면 그 사람이 되고 싶어 한다. 모방 능력이 향상되니 자연스럽게 그 사람처럼 말을 하게 되었다. 그렇다고 김주하 아나운서의 혼까지 닮아가지는 않는다. 모방에서 창조능력이 생긴다는 말이 맞다. 나만의 스타일이 생겨나기 시작했다. 남들이 가지고 다니는 똑같은 신발이나 가방과 다르게 내가 선호하는 보이스 스타일, 즉, 나만의 독창적인 목소리가 생겨서 더 이상 내 목소리에 대해 고민하지 않아도 됐다.

🗨️2 내 목소리를 듣자

목소리는 강력한 힘이 있다. 잘못 사용되면 상대방을 짜증 나게 하거나, 정신없게 하거나, 상처를 입히거나 심지어 죽이기까지 한다. 날카롭게 위로 향해 있고 상대를 쏘아 몰아넣는 목소리는 이렇듯 타인뿐아니라 자신의 인생까지 망가트린다. 목소리만 예쁘다고 좋은 소리를 낼 수 있는 것은 아니다. 정신이 건강해야 좋은 목소리를 낼 수 있다. 즉, 내 목소리를 들을 줄 알아야 내 목소리를 고칠 수 있다.

강의 시간에 '본인의 목소리를 녹음해서 들어보면 어떤가?'를 질문하면 모두가 "이상해요.", "나 아닌 것 같아요."라고 말한다. 내 목소리이고 내가 내는 소리인데 왜 안 좋게 들리는 것일까? 상대방이 듣는 내 목소리와 내가 말하면서 듣는 내 목소리는 다르다. 내 목소리는 '내 이(內耳)'를 울리며 들어오는 것, 즉 내 뇌에서 감지하는 것이다. 타인의 소리는 공기의 파장을 거치고 '외이(外耳)'를 울리며 듣는 것이다. 세상 사람들은 다 듣고 있었던 내 실제 목소리를 나만 모르고 있었다는 사실이다. 그러므로 내가 보는 나와 남이 보는 나는 차이가 날 수밖에 없다.

목소리나 스피치는 마음 상태가 불안정하고 초조할 때 크게 영향을 받는다. 목소리가 날카롭고 카랑카랑한 음성은 상대방을 불안하게 만든다. 목소리만 고치려고 하지 말고 자신의 마음의 상태를 진단해 볼 필요가 있다. 내가 지나치게 성과주의적인 사람인지, 남들과의 경쟁심 때문에 불안하게 살아가는 자존심이 센 사람인지, 스스로를 위로하고 격려하지 못하는 자존감이 낮은 사람인지 체크하며 살아야 쌍방향 소통이 가능할 수 있다. 나이가 들수록 고집이 세진다는 말을 자주 접하게 된다. 맞다. 문제의 원인은 '나' 아닐까? 다시 점검하는 자세가 필요하다. 자신을 낮추는 자세가 있어야 타인에게 인정받고 존경받게 되지 않을까?

🔊 보이스 트레이닝이 필요한 사람
  – 목소리가 작은 사람(모기 소리)
  – 목소리의 떨림이 있는 사람
  – 발성이 약한 사람
  – 말이 빠른 사람
  – 성대결절이 있는 사람
  – 목에 힘을 주고 말하는 사람
  – 말의 뉘앙스가 오해를 불러일으키는 사람
  – 리듬감 없이 지루하게 말하는 사람

💬 복식호흡

폐는 신선한 산소를 빨아들이고 이산화탄소라는 유독물을 내뱉는 역할을 한다. 이때 우리는 의식하지 않고 호흡을 한다. 호흡하지 않으면 숨이 막혀 죽는다. 그런데 우리는 이 활동이 당연하다고 생각하고 호흡의 중요성을 인지하지 못한다. 맑은 공기를 호흡하는 것은 생존뿐 아니라 목소리를 만드는 데에도 굉장히 중요한 일이므로 맑은 공기를 만들기 위해 노력하지 않는 것은 어리석은 일이다. 우리가 호흡할 때 공기가 코, 입, 인두, 기관지와 폐(허파)를 다 거친다. 숨을 들이마실 때 폐(허파)를 확장하고 공기를 코와 입으로 빨아들여 기관지로 보낸다. 이때 가슴과 횡격막 근육이 늘어나면서 폐에 공기가 들어가고 날숨일 때 말을 하게 되는 원리이다.

복식호흡을 이해하기 위해서는 우선 숨을 들이쉬고 내쉬는 원리를 이해할 수 있어야 한다. 들이마신 공기가 폐 속으로 들어갔다 나오면서 성대를 진동시켜 소리를 내는 것이 목소리이다. 이때 목소리를 생성하는 발성 기관(성대)과 구강, 인두 등의 공명 기관(비강)과 입, 혀 등의 조음 기관(입천장)을 활용해 말을 만들어 낸다. 말은 숨을 내쉴 때 하는 것으로, 말을 하기 위해서는 호흡이 필요하다. '숨'이라고 말하는 '호흡'을 제대로 하는 법을 익혀야 울림 있는 말을 할 수 있기 때문이다.

복식호흡은 말하기의 기본이다. 기본을 지키지 않고 편법을 쓰면 반드시 문제가 생기기 마련이다. 어떤 일을 하든 본질과 기본에 충실한 것이 가장 중요하다. 숨을 들이마시면서 말할 수 없는 것처럼 날숨일 때 말하는 것을 기본적으로 알고 있어야 복식호흡을 잘할 수 있다. 우리는 말할 때 배에 공기를 많이 저장할 수 있는 호흡을 반드시 만들어야 한다. 배에 채운 숨을 끌어올려 말을 하면 자신감 있고 힘차게 의사 표현을 할 수 있기 때문이다. 반면 호흡이 짧고 약하면 말을 하는 도중에 소리가 약해지거나 끊어지고 말끝을 흐리기 때문에 듣는 사람에게는 감정의 전달이 감소할 수밖에 없다. 즉, 감동도 감흥도 기대하기 힘들다는 말이다.

복식호흡 방법

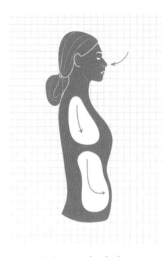 

▲들숨 → 배 빵빵(팽창)　　　　▲날숨 → 배 홀쭉(수축)

① 먼저 숨을 들이마실 때는 입과 코를 벌려 아랫배(배꼽)에 호흡을 채운다. 이때 아랫배는 풍선처럼 빵빵해진다. 밥 2공기를 먹은 것처럼 불룩 나온다.

② 아랫배에 숨이 차 있는 상태에서 5초간 숨을 멈춘다.

③ 숨을 뱉을 때는 아랫배에 저장되어 있던 숨을 다시 성대를 통해 끌어올려 호흡한다. 숨을 끌어올릴 때는(날숨) "후"(숨이 빠져나간

다.) 하는 소리와 함께 배가 쏙 들어간다.

④ 다시 입과 코로 숨을 아랫배에 채우고 잠시 멈추었다가 배를 짜면서(복근으로 배를 끌어당긴다.) "후~~~" 하는 소리와 함께 배를 쏙 들어가게 한다. 이것이 복식호흡이다.

수강생 중 한 분이 이렇게 말했다. "원장님, 복식호흡은 들숨일 때 코로 들이마시고 날숨일 때 입으로 뱉는 것인데요?" 그분은 요가 강사라 복식호흡에 대해 누구보다 잘 알고 있었다. "네 맞습니다. 복식호흡만 하게 되면 코로 들이마시고 입으로 호흡을 뱉는 것이 맞지만 우리는 운동을 하기 위함이 아니라 말을 하기 위해서 복식호흡을 훈련하는 것입니다."라고 궁금증을 풀어 드렸다. 말할 때 어느 누구도 입을 다문 채 호흡을 채우는 사람은 없다는 뜻이다. 입을 다문 채 호흡을 채우면 얼마나 우스꽝스러운지 모른다. 상상해 보라, 말할 때 "나 숨 쉬는 시간이야, 입을 다물어야 해." 이렇게 말하는 사람은 없다는 것이다. 우리는 흉식으로 호흡하든 복식으로 호흡하든 입을 벌린 채 호흡을 하며 말을 하고 있다. 이제부터라도 복식호흡으로 말하기에 도전한다면 반드시 입과 코를 열어서 숨을 많이 채운 후 복근을 끌어당겨 말하는 습관을 들이기 바란다.

복식호흡이 익숙해졌다면 이번에는 수박씨 뱉기에 도전해 보도록 한다.

🍉 수박씨 호흡법

① 숨을 5초간 들이마시고 배가 불룩해지면 "퉤" 하고 호흡을 강하

게 뱉는다.

② 다시 숨을 5초간 들이마시고 배가 불룩해지면 "퉤 퉤" 두 번 호흡을 뱉는다.

③ 다시 숨을 5초간 들이마시고 배가 불룩해지면 "퉤 퉤 퉤" 세 번 호흡을 뱉는다. 이때 퉤 하고 다시 들이마시고 퉤 해야 배가 나왔다가 들어가고 나왔다가 들어가는 것을 느낄 수 있다.

④ 배가 들어갈 때는 복근으로 강하게 배를 끌어당겨야 한다. 호흡을 충분히 배에 채워야 짜낼 수 있으니 빨리하기보다는 천천히 몸을 편안하게 하라.

⑤ 복식호흡으로 말하기

많은 사람들이 복식호흡법까지는 따라온다. 그러나 복식호흡을 말에 적용하려면 정말 힘들어한다. 복식호흡으로 말하기는 스피치의 가장 중요한 영역이므로 시간이 걸리고 어렵더라도 꼭 복식호흡으로 말하기에 도전하라고 재차 강조한다. 말을 할 때 배에서 끌어올린 소리는 힘이 있고, 깊은 우물물에서 물을 끌어 올린 듯 깊이감이 느껴지기 때문에 가슴에서 낸 목소리와 비교조차 안 된다. 목소리는 내는 것이 아니라 끌어올리는 것이다.

자! 본격적으로 복식호흡으로 말하기에 도전해 보겠다. 전과는 달리 호흡을 배에 채우고(배 빵빵) 2초간 멈췄다가 호흡을 끌어올릴 때(배 홀쭉) "아∼∼∼∼∼∼∼∼∼" 하고 뱉어 준다. 이렇게 5회 정도 계속 실시한다. 이때 나의 호흡이 몇 초 정도 되는지 기록해 보는 것이 아주 중요하다. 스톱워치 기능을 이용해 날숨일 때 초를 잰 후 기록한다. 호흡이 짧은 사람은 10~15초 정도, 호흡이 긴 사람은 20~25초가 보통이고 30초 이상인 사람은 호흡이 긴 사람들이다. 호흡 참기 훈련은 연습하면 할수록 시간이 늘어난다. 성인 평균 25초 이상은 되어야 한다. 내 호흡이 10초도 안 된다면 분명 말할 때 숨이 차다는 느낌을 받았을 것이다. 말을 할 때 안정적으로 말하는 것이 중요한데 그러기 위해서는 반드시 복식호흡을 해 주어야 가능하다.

훈련 예문

배까지 숨을 깊게 들이마신 다음 배를 당기면서 소리를 내
본다.

"아~~~~~~~~~~~~~~~"

"야~~~~~~~~~~~~~~~~~~"

"어~~~~~~~~~~~~~~~~~~~~"

"오~~~~~~~~~~~~~~~~~~~~~~"

"요~~~~~~~~~~~~~~~~~~~~~~~~~"

"우~~~~~~~~~~~~~~~~~~~~~~~~~~~~~"

🔊 어떤가! 할수록 소리가 길게 쫙쫙 뽑아지는 느낌으로 나
와야 한다. 처음보다는 두 번째, 세 번째가 길게 나올 수
있다. 그러다 다시 전보다 짧게 호흡이 끊어질 수도 있
다. 한 호흡이 길어야 좋은 목소리를 만들 수 있다. 호흡
참기, 즉 호흡을 길게 훈련하는 이유는 체력도 좋아지고
한 문장 이상 숨이 차지 않고 차분히 말할 수 있는 그릇
이 돼 주기 때문이다. 다음의 표는 규칙적 호흡 늘리기
습관 자료이다. 호흡 참기 훈련을 통해 두세 문장을 안정
적으로 말할 수 있기를 바란다.

호흡 참기 기록지

1/16.

1 → 17.04   6 → 19.99

2 → 19.55   7 → 22.73

3 → 26.14   8 → 22.33

4 → 21.30   9 → 25.39

5 → 26.21   10 → 26.04

실제 수강생이 기록한 호흡 참기 훈련 기록지

⊜ 호흡 참기 훈련 방법

① 휴대폰의 스톱워치 기능을 설정한 후 호흡을 채우고 날숨일 때 "시작" 버튼을 누른다.

② 날짜를 적는다.(포켓용 수첩을 이용해 꾸준히 적는 것이 중요하다.) 한 달 뒤 호흡이 얼마나 늘어났는지를 평가해 본다.

③ 후~ 호흡을 끌어올린다.(처음부터 "아~"를 하게 되면 복식호흡이 안 되는 분은 흉식호흡으로 할 가능성이 크기 때문에 반드시 호흡 훈련을 먼저 한다.) 이때 시간을 끌기 위해 개미소리처럼 작게 내지 말고 한숨 에 많이 끌어올리는 것이 중요하다.

④ 호흡을 끌어올리고 성대에서 소리로 바꾸어 전달되는 "아~"를 훈련하라. 숨을 폐에 채우고(배 빵빵), 복근으로 배를 끌어당기면 서 "아~~" 소리를 내면서 내 몸이 바들바들 떨릴 때까지 참아야 한다. 내 몸이 바들바들 떨리고 갑자기 얼굴이 뜨거워지면서 더 이상 소리가 안 나올 때까지 참고 마지막 초를 기록한다.(멈춤 버 튼을 누른다.)

호흡 참기 작성 노트

날짜 ( )		날짜 ( )	
후~~~	아~~~	후~~~	아~~~
1 →	1 →	1 →	1 →
2 →	2 →	2 →	2 →
3 →	3 →	3 →	3 →
4 →	4 →	4 →	4 →
5 →	5 →	5 →	5 →
6 →	6 →	6 →	6 →
7 →	7 →	7 →	7 →
8 →	8 →	8 →	8 →
9 →	9 →	9 →	9 →

날짜 ( )		날짜 ( )	
후~~~	아~~~	후~~~	아~~~
1 →	1 →	1 →	1 →
2 →	2 →	2 →	2 →
3 →	3 →	3 →	3 →
4 →	4 →	4 →	4 →
5 →	5 →	5 →	5 →
6 →	6 →	6 →	6 →
7 →	7 →	7 →	7 →
8 →	8 →	8 →	8 →
9 →	9 →	9 →	9 →

🗨 호흡 길게 말하기 훈련

미국 아이비리그의 재학생 중 30%가 유대인이다. 유대인 교육법은 오늘날에도 여전히 유명세를 타고 있다. 한 나라의 문화에 따라 교육이 달라지고 있다는 증거다. 아이들이 어린이집이나 유치원에서 돌아오면 끊임없이 대화를 나누는 가정이 얼마나 될까? 지하철을 타면 스마트폰과 사랑에 빠져 디지털 무언족과 같은 생활에 익숙해져 살게 되는 우리의 현실 속에서 구술, 취업 면접은 결코 쉽게 넘지 못할 큰 벽인 것은 틀림없는 사실이다. "세 살 버릇 여든까지 간다. 어렸을 적 스피치가 평생 간다." 이 훈련은 특히 유아, 아동기의 어린이가 있으면 온 가족이 함께 훈련해 보기를 강력 추천한다.

한 호흡에 길게 말하기 훈련법

첫째, 아랫배(배꼽 위치)에 호흡을 채운다. 배가 풍선처럼 커진다.

둘째, 숨을 끌어올린다. 풍선처럼 호흡이 입 밖으로 나와서 배가 홀쭉해진다.

셋째, 짧은 문장부터 긴 문장까지 한 호흡에 말한다.

🔊 1단계

깊은 산 연못 속의 개구리 개구리/(호흡)

깊은 산 연못 속의 개구리 개구리/(호흡)

개구리 개구리 개구리 개구리 깊은 산 연못 속의 개구리 개구리/(호흡)

🔊 2단계

깊은 산 연못 속의 개구리의 배꼽 배꼽/(호흡)

깊은 산 연못 속의 개구리의 배꼽 배꼽/(호흡)

배꼽 배꼽 배꼽 배꼽 깊은 산 연못 속의 개구리의 배꼽 배꼽/(호흡)

🔊 3단계

깊은 산 연못 속의 개구리의 배꼽의 털 하나 털 하나/(호흡)

깊은 산 연못 속의 개구리의 배꼽의 털 하나 털 하나/

(호흡)

털 하나 털 하나 털 하나 털 하나 깊은 산 연못 속의 개구리의 배꼽의 털 하나 털 하나/(호흡)

📢 4단계

깊은 산 연못 속의 개구리의 배꼽의 털 하나를 뽑았네 뽑았네/(호흡)

깊은 산 연못 속의 개구리의 배꼽의 털 하나를 뽑았네 뽑았네/(호흡)

뽑았네 뽑았네 뽑았네 뽑았네 깊은 산 연못 속의 개구리의 배꼽의 털 하나를 뽑았네 뽑았네/(호흡)

📢 5단계

깊은 산 연못 속의 개구리의 배꼽의 털 하나를 뽑았더니 죽었네 죽었네/(호흡)

깊은 산 연못 속의 개구리의 배꼽의 털 하나를 뽑았더니 죽었네 죽었네/(호흡)

죽었네 죽었네 죽었네 죽었네 깊은 산 연못 속의 개구리의 배꼽의 털 하나를 뽑았더니 죽었네 죽었네/(호흡)

📢 6단계

깊은 산 연못 속의 개구리의 배꼽의 털 하나를 뽑았더니 죽어서 묻었네 묻었네/(호흡)

깊은 산 연못 속의 개구리의 배꼽의 털 하나를 뽑았더
니 죽어서 묻었네 묻었네/(호흡)

묻었네 묻었네 묻었네 묻었네 깊은 산 연못 속의 개구
리의 배꼽의 털 하나를 뽑았더니 죽어서 묻었네 묻었
네/(호흡)

7단계

깊은 산 연못 속의 개구리의 배꼽의 털 하나를 뽑았더
니 죽어서 묻었더니 살았네 살았네/(호흡)

깊은 산 연못 속의 개구리의 배꼽의 털 하나를 뽑았더
니 죽어서 묻었더니 살았네 살았네/(호흡)

살았네 살았네 살았네 살았네 깊은 산 연못 속의 개구
리의 배꼽의 털 하나를 뽑았더니 죽어서 묻었더니 살았
네 살았네 만세!/(호흡)

🗨 음가 늘려 말하기

(말하기 전에 아랫배에 호흡을 채우고 배를 짜면서) "안녕~~~"

(다시 아랫배에 호흡을 채우고 배를 짜면서) "반가워~~~"

(다시 아랫배에 호흡을 채우고 배를 짜면서) "사랑합니다~~~"

(다시 아랫배에 호흡을 채우고 배를 짜면서) "안녕 반가워 사랑합니다."

호흡을 채울 때는 반드시 배가 나와 있어야 하고 배를 짤 때는 반드시 배가 들어가야 한다. 즉 배가 들어간다는 말은 배에 담긴 호흡을 끌어올린다는 뜻이라는 것을 이해해야 한다. 많은 사람들이 말할 때 배를 넣고 숨을 참고 말을 한다. 이렇게 말하면 복식호흡으로 말하는 것이 아니다. 배가 들어가는 동시에 굵은 울림소리가 나와야 한다. 이렇게 복식호흡으로 말하기가 생활화되면 말하는 것이 정말 편하다. 나는 학원에서 하루 평균 8시간에서 10시간까지도 강의를 하는데 한 번도 마이크를 써 본 적이 없다. 100명 정도 되는 인원을 데리고도 마이크 없이 2~3시간을 거뜬히 말한다. 이것은 분명 복식호흡의 깊은 울림이 멀리 퍼져서 기폭제가 된 것이라고 생각한다. 다시 말해 복식호흡으로 말하면 나도 편하고 상대방도 편한 목소리를 들을 수 있다.

복식호흡으로 말하기 실습

"너/자신을/알라//인간은/사회적/동물이다"

숨을 들이마신 다음 "너(1)자신을(2)알라(3)" 이렇게 배를 나누어 짠다. 더 이상 짤 호흡이 없으면 '//' 부분은 다시 호흡을 채운다. 그리고 "인간은(1)사회적(2)동물이다(3)" 이렇게 세 번 배를 나누어 짜 호흡을 끌어올린다. 이때 울림소리가 느껴지는지 반드시 확인해야 한다.

📢 호흡이 짧거나 말을 더듬는 사람, 그리고 말이 막히는 사람은 네모 박스의 말을 한 호흡에 읽어 보는 것도 많은 도움이 된다. 채운 숨을 끌어올려 오랫동안 밀어낼 수 있으면 중간에 숨이 엉키지 않는다.

훈련 예문 - 숨을 버티고 읽기

대중 앞에 나와 말을 한다는 것은 대단한 일을 하는 것이다. 스피치 경험이 있는 사람들도 앞에 설 때마다 떨린다고 한다. 어쩌면 떠는 것은 당연한 것인지도 모르겠다. '안 떨어야지.'라고 생각하는 것보다 논리적인 뼈대를 세워 조바심을 떨쳐 버리자.

어떻게 하면 스피치를 잘할 수 있을까? 스피치는 타고나야 하는 것일까? 후천적인 노력으로도 가능할까? 당연히 가능하다. 스피치는 기술을 익혀야 하는 영역으로 계속 훈련하면 언젠가는 무대를 즐기고 무대 위에서 자유롭게 날아다니는 자신을 발견할 수 있을 것이다.

💬 발성

　조용한 곳에서 벽에 기대어 아랫배에 호흡을 채운 후 배를 끌어당기면서 노래를 시작해 보자. 동요도 좋고 유행가도 좋다. 내 몸의 어느 부분이 울리는지 느껴 보라. 울리지 않는다면 발성의 볼륨감이 없거나 작다는 것이다. 발성은 공명을 말한다. 울림이 있는 소리란 뜻이다. 공명(共鳴)이 있는 목소리는 사람의 마음을 울리고 유혹할 수 있는 힘이 있다. 공명소리를 들으면 따뜻하고 부드럽다.

　숭실대학교 소리공학연구소 배명진 교수가 배우 이병헌의 음성을 분석했는데 "고주파와 저주파의 음폭이 다양했으며 이병헌 배우는 두부 자르듯이 첫음절에 악센트를 주어 또박또박 말해서 집중력이 좋았다."라며 극찬했다. '미스터 션샤인'에서 이병헌 배우의 연기를 보면 눈빛과 목소리에 빨려 들어간다. 이렇게 목소리는 상대를 유혹할 수 있는 무기가 된다. 공명은 군대에서 군인들의 절도 있는 모습같이 강한 파워도 가지고 있다. 반드시 훈련하면 우리도 이병헌 배우처럼 두부 자르듯이 딱딱 끊고 악센트를 살려 말할 수 있다. 공명은 소리에 힘이 느껴진다. 울림소리는 진실되게 들린다. 공명은 말끝을 흐리지 않고 힘이 지속돼 파워가 있다. 공명은 자신의 몸에 맞는 목소리를 찾아 주기 때문에 편하다. 내가 편하면 듣는 사람도 편하게 듣는 법이다. 소리를 튼튼하게 하려면 어떻게 훈련해야 할까? 먼저 톤 잡기 훈련을 해야 한다.

☞ 톤 잡기 훈련

첫째, 낮은 톤으로 아~~~~~~~~~~~~~~~~~~~~~~~~~~

둘째, 보통 톤으로 아~~~~~~~~~~~~~~~~~~~~~~~~~~

셋째, 높은 톤으로 아~~~~~~~~~~~~~~~~~~~~~~~~~~

안녕하세요. 권지선입니다.(낮은 톤으로)
안녕하세요. 권지선입니다.(보통 톤으로)
안녕하세요. 권지선입니다.(높은 톤으로)
안녕하세요.(높은 톤으로) 권지선입니다.(보통 톤으로)

이렇게 하모닉스가 어우러지게 높게 말했다가 보통 톤으로 말했다가 낮은 톤으로 말했다가를 섞어서 훈련하는 것이다.

☞ 발성(공명)의 3단계 훈련

① 10음: 속삭이는 소리, 음성이 거의 없고 아주 낮은 음성, 신음, 혼자 작은 소리로 중얼거리는 소리에 효과적
② 50음: 최고 음성의 절반 음으로 보통 음성, 연설의 기본음이며 웅변, 강연, 해설, 발표할 때, 즉 대중 스피치를 할 때 음성 표현
③ 80음: 높은 음성으로 화가 난 목소리, 기쁜 소리, 큰소리를 외칠 때, 환호에 넘칠 때 사용하는 목소리

🗨 입 크게 벌리기

과 놔 돠 롸 뫄 봐 솨 와 좌 촤 콰 톼 퐈 화

괴 뇌 되 뢰 뫼 뵈 쇠 외 죄 최 쾨 퇴 푀 회

귀 뉘 뒤 뤼 뮈 뷔 쉬 위 쥐 취 퀴 튀 퓌 휘

이중 모음에서는 입 모양이 2번 바뀐다.

고 + ㅏ = 과 / 노 + ㅏ = 놔 / 도 + ㅏ = 돠

로 + ㅏ = 롸 / 모 + ㅏ = 뫄 / 보 + ㅏ = 봐

놔는 음절을 "과~" 하고 길게 빼지 말고 스타카토 발성으로 "과!" "놔!" "돠!" 짧게 끊어서 힘을 기르는 훈련이 되어야 한다. 또한 입 모양이 확실히 바뀌어야 하고 복식호흡으로 소리를 끌어올려야 하고 발성인 울림소리가 완성되어야 한다.

🗨 한 음절씩 악센트 살려 말하기

예문 가 나 다 라 마 바 사 아 자 차 카 타 파 하

예문을 그냥 읽지 말고 "가"부터 강조하면서 읽는다. 다 읽었으면 다시 "나"를 강조하면서 읽는다. 이때 "가"를 말할 때 아랫배를 많이 끌어올려야 굵고 큰 소리가 나오게 된다. 예전에 '가족오락관'에서 절대음감 게임이 유행이었던 것을 기억하면 쉽게 이해가 갈 것이다.

✓
가 나 다 라 마 바 사 아 자 차 카 타 파 하

　✓
가 나 다 라 마 바 사 아 자 차 카 타 파 하

가	나	다	라	마	바	사	아	자	차	카	타	파	하
가	나	다✓	라	마	바	사	아	자	차	카	타	파	하
가	나	다	라✓	마	바	사	아	자	차	카	타	파	하
가	나	다	라	마✓	바	사	아	자	차	카	타	파	하
가	나	다	라	마	바✓	사	아	자	차	카	타	파	하
가	나	다	라	마	바	사✓	아	자	차	카	타	파	하
가	나	다	라	마	바	사	아✓	자	차	카	타	파	하
가	나	다	라	마	바	사	아	자✓	차	카	타	파	하
가	나	다	라	마	바	사	아	자	차✓	카	타	파	하
가	나	다	라	마	바	사	아	자	차	카✓	타	파	하
가	나	다	라	마	바	사	아	자	차	카	타✓	파	하
가	나	다	라	마	바	사	아	자	차	카	타	파✓	하
가	나	다	라	마	바	사	아	자	차	카	타	파	하✓

이렇게 악센트를 넣어 말하는 훈련을 하게 되면 내가 말하고자 하는 문장의 중심 단어를 강하게 전달하게 된다. 예를 들어 "여기 학과 사무실이 어디입니까?"라며 길을 물어본다고 가정해 보자. "학과 사무실"

에서 '학', '사'라는 단어를 강하게 말하면 상대방은 사무실이라는 공간을 이미지화해서 듣기 때문에 훨씬 전달력이 높아진다.

아랫배에 호흡을 채우고 복근으로 배를 끌어당기며 다음의 예문을 큰 소리로 읽어 본다. 이때, 입 모양 크게, 혀는 바닥에, 첫음절은 악센트! '텅 트위스터' 발음을 해보겠다. '텅 트위스터'는 혀가 잘 돌지 않는 말, 발음하기 어려운 어구를 뜻한다. 생각보다 어려운 발음을 모아 놓았으니 잘되지 않아도 끝까지 해 보기를 권한다.

텅 트위스터 Tongue twister

1. 중앙청 창살은 쌍창살이고 시청 창살은 쇠창살이다.

2. 간장 공장 공장장은 간 공장장이고 된장 공장 공장은 공 공장장이다.

3. 작년에 온 솥 장수는 새 솥 장수이고 금년에 온 솥 장수 는 헌 솥 장수이다.

4. 상표 붙인 큰 깡통은 깐 깡통인가 안 깐 깡통인가?

5. 저기 저 뜀틀이 내가 뛸 뜀틀인가 내가 안 뛸 뜀틀인가.

6. 앞집 팥죽은 붉은 팥 풋팥죽이고 뒷집 콩죽은 햇콩 단콩 콩죽 우리 집 깨죽은 검은깨 깨죽인데 사람들은 햇콩 단 콩 콩죽 깨죽 죽 먹기를 싫어하더라.

7. 내가 그린 기린 그림은 긴 기린 그림이고 네가 그린 기 린 그림은 안 긴 기린 그림이다.

8. 중앙청 창살은 쌍창살이고 시청의 창살은 외창살이다.

9. 저기 있는 말뚝이 말 맬 말뚝이냐 말 못 맬 말뚝이냐.

10. 경찰청 쇠창살 외철창살 검찰청 쇠창살 쌍철창살.

11. 경찰청 철창살이 쇠철창살이냐 철철창살이냐.

12. 고려고 교복은 고급 교복이고 고려고 교복은 고급 원단 을 사용했다.

13. 안 촉촉한 초코칩 나라에 살던 안 촉촉한 초코칩이 촉 촉한 초코칩 나라의 촉촉한 초코칩을 보고 촉촉한 초 코칩이 되고 싶어서 촉촉한 초코칩 나라에 갔는데 촉 촉한 초코칩 나라의 문지기가 "넌 촉촉한 초코칩이 아

니고 안 촉촉한 초코칩이니까 안 촉촉한 초코칩 나라
에서 살아."라고 해서 안 촉촉한 초코칩은 촉촉한 초코
칩이 되는 것을 포기하고 안 촉촉한 초코칩 나라로 돌
아갔다.

훈련 방법

1. 스타카토 발성 연습(한 호흡에 한 음절씩)

　"간! 장! 공! 장! 공! 장! 장! 은! 간! 공! 장! 장!"

2. 복식호흡 연습 후 한 호흡에 읽어 본다.

3. 입에 나무젓가락을 물고 읽어 본다.

4. 일어선 자세에서 입에 나무젓가락을 물고 허리를 90도
　로 굽혀 바닥을 보고 연습한다.

🗨5 노래 연습으로 내 목소리 치유하기

노래를 잘 부르지 않아도 된다. 처음부터 끝까지 아는 노래만 준비하자. 노래는 우리의 세포를 활성화시키고 모든 의식을 통합시켜 주기에 충분하다. 주변의 모든 소음을 차단하고 복식호흡을 3회 실시하고 눈을 감는다. 어색하고 조심스러울지라도 처음부터 끝까지 노래를 부른다.

1단계: 눕는다. 눈을 감는다. 입과 코를 벌리고 폐에 호흡을 채운다.
2단계: 배를 끌어당기면서 노래를 시작한다. 이때 내 몸의 편안함을 최대한 느껴 보라.
3단계: 노래를 다 부른 후 내 목소리는 따뜻한가, 차가운가, 클라이맥스에서 목소리가 점점 커지고 있는가, 내 목소리의 색은 어떤 색인가, 혹시 노래를 못해 화가 치밀어 오르지는 않는가 등을 되묻고 정돈을 하자.

요가를 할 때 동작이 완벽해지는 것을 바라고 해서는 안 된다고 한다. 목소리도 마찬가지로 내 마음에 여유가 있어야 새로운 목소리를 얻게 된다. 조급함보다는 넉넉함을 가지고 나를 이해하고 부정적 감정과 잘못된 생활 양식을 끊었을 때 목소리도 치유가 된다. 새로운 생각을 받아들이려면 내 마음이 새로운 생각을 받아들일 준비가 되어야 한다. 그래야 의사소통이 가능하다. 절대 방법, 기법만을 배워서 사용하려고 하지 말자. 그렇게 되면 혼이 없는 껍데기 스피치가 될 수밖에 없을 것이다.

🗨️ 발음

　말할 때 정확한 메시지를 전달하는 핵심은 '발음'이다. 발음에 대한 수업을 할 때 수강생이 공통적으로 어려워했던 발음 3가지를 들자면 시옷(ㅅ), 니은(ㄴ), 리을(ㄹ)이다. "사랑해"를 "따랑해" 또는 "타랑해"로, "선물"을 "섬물"로 말하거나 "우리"를 "우니"로 말해 전달력이 떨어지게 된다. 자음 발음의 문제는 혀와 입천장이 제대로 만나지 않아서 생기는 것이다. 그래서 정확한 조음점(입천장)을 알아야 한다.

　시옷(ㅅ) 발음은 유일한 마찰음으로 혀가 치조에 닿지 않고, 디귿(ㄷ) 발음은 혀가 치조에 닿아서 나온다. 특히 시옷(ㅅ) 발음은 자음만으로는 정확한 소리가 나오지 않아 모음 음가의 도움을 받아야 한다. 예를 들어 '소송'이라는 어휘를 입 모양을 크게 벌리지 않으면 "토통"이라고 말하게 된다. 정확하게 말하고 싶다면 악센트를 주고 장음으로 말하며 모음 길이를 길게 빼 줘야 한다. 첫술에 배부를 수 없으니 끊임없이 훈련해야 한다.

　리을(ㄹ) 발음을 하기 전에 '입술 털기' 훈련을 많이 시킨다. 왜냐하면 입술의 근육을 풀어 주는 연습이 필요하기 때문이다. 이때 혀를 입천장에 굴려 줘서 따르르르르르릉~~~, 부르르르르르릉~~~, 뽀로로로로로로롱~~~ 한 호흡에 길게 빼 주는 발음을 연습한다. 리을(ㄹ)을 따로 떼어서는 발음을 잘한다. 그렇지만 '여러분'과 같은 단어는 '여너분'으로 발음한다. '너', '러' 발음을 번갈아 하면서 혀 위치가 다른 것을 알고 반복적으로 훈련해야 한다.

　이처럼 발음은 조음 기관에 의해 만들어지는데 우리가 잘 알고 있는 자음과 모음의 영향을 받는다. 자음(닿소리)을 먼저 훈련해 보겠다. "기역(ㄱ) 니은(ㄴ) 디귿(ㄷ) 리을(ㄹ) 미음(ㅁ) 비읍(ㅂ) 시옷(ㅅ)"을 읽을 때 어디가 많이 움직이는가? 그렇다, 바로 혀 근육이다. 다음으로는 모음(홀소리)인 "아(ㅏ) 야(ㅑ) 어(ㅓ) 여(ㅕ) 오(ㅗ) 요(ㅛ) 우(ㅜ) 유(ㅠ)"를 읽어 보도록 하겠다. 어디가 많이 움직이는가? 맞다. 입술 근육이 턱과 혀보다는 많이 움직인다. 자음과 모음을 정확하게 발음해 주려면 혀의 위치도 중요하고 입을 크게 벌려야 한다. 정확하게 소리를 낼 수 있도록 자기 발음을 경청해 보는 자세도 중요하다.

🗨 닿소리와 홀소리를 어중간하게 말하지 말자

　발음이 안 좋은 사람을 보면 제일 먼저 입 모양을 보게 된다. "안녕하세요."라고 말하는데 아(ㅏ) 여(ㅕ) 아(ㅏ) 에(ㅔ) 요(ㅛ) 모음의 음가(소릿값)가 전혀 들리지 않고 입 모양을 움직이지 않는다. 더구나 발성도 작아서 웅얼웅얼 소리만 전달될 뿐이다.

　정확하게 발음하기 위해서는 다음 내용을 기억해야 한다.

　첫째, '이(ㅣ)'와 '으(ㅡ)'는 입술을 옆으로 벌려야 하며 혀 위치는 바닥에 깔려야 한다.

　둘째, '에(ㅔ)'와 '애(ㅐ)' 발음은 확연히 다르다. '에(ㅔ)'보다 '애(ㅐ)'는 더 많이 옆으로 벌려야 하며 '아(ㅏ)' 발음과 '어(ㅓ)' 발음은 턱을 아래로 내리면서 소리를 내 주어야 한다.

셋째, '오(ㅗ)'와 '우(ㅜ)' 발음은 입술을 오리처럼 동그랗게 말아서 소리를 내야 정확해진다.

 《참고》
　이중 모음(二重母音)은 'ㅑ', 'ㅒ', 'ㅕ', 'ㅖ', 'ㅘ', 'ㅙ', 'ㅛ', 'ㅝ', 'ㅞ', 'ㅠ', 'ㅢ'와 같이 입술 모양이나 혀의 위치를 처음과 나중이 달라지게 해 두 개의 모음이 합쳐서 나오는 발음이다. 그러므로 입술을 두 번 빠르게 움직여야 정확하게 발음할 수 있다.
　'ㅁ, ㅂ, ㅍ, ㅃ'은 입술 자리에서 소리가 나는 순음(脣音)으로 입술이 서로 맞닿아야 한다. 'ㄴ, ㄷ, ㅌ, ㄸ'은 혀끝을 윗잇몸에 붙였다 떼면서 소리를 낸다. 티읕(ㅌ)은 발음할 때 '티긋'이나 '티귿'이 아닌 '티읕'으로 읽어야 한다.
　리을(ㄹ)은 혀가 치조(앞 윗니의 뒷면과 잇몸이 맞닿아 있는 부분)에서 시작해 입천장에 닿은 상태로 끌고 오면서 혀의 양옆으로 공기가 빠져나와 생기는 발음이다. 알파벳 'L'을 발음해 보자. 혀 위치가 어디에 와 있는가? 치조에 와 있다. 이번엔 'R' 발음을 해 보자. 경구개에 혀가 와 있음을 알 수 있다. 즉 단어의 초성에 'ㄹ'이 오면 영어 R처럼 발음한다. '라디오, 로터리, 리어카' 등이다.
　시옷(ㅅ)은 혀끝이 앞 아랫니 뒷면의 잇몸에 닿아야 하며 'ㅈ, ㅊ, ㅉ'은 혀가 입천장에 닿아야 한다. 히읗(ㅎ)은 목젖소리로 성대가 서로 닿아야 한다.

발음 교정기의 장점

　발음을 훈련할 때 시중에 판매하는 발음 교정기의 도움을 받으면 훨씬 빠른 시간 내에 효과를 볼 수 있다.

① 전체적인 톤이 내려간다.(울림소리를 만들어 줌)

② 혀가 교정기 위로 올라오는 것을 방지해서 혀 위치를 내려 준다.(혀 짧은 소리 교정)

③ 천천히 말하게 된다.(호흡을 채우느라 시간이 걸림)

④ 혀 근육, 입 근육이 스트레칭 되어 발음이 한결 정확하게 들린다.

⑤ 치아와 턱에 부담이 없다.(실리콘 재질)

🗩 입 근육을 풀어 주는 허밍송

아기가 하는 것처럼 위아래 입술을 맞댄 채 삐죽이 내민 뒤 허밍으로 노래를 부른다. 이때 입술의 힘을 빼고 부는 힘만으로 입을 떨리게 하는 것이 요령이며 짧고 쉬운 동요 '옹달샘'이나 '나비야 나비야'로 시작한다.

우피 골드버그의 목소리를 연기했던 성우 성선녀 씨의 기사에서 이런 글을 본 기억이 있다. 그녀의 선배 중 발성이 약한 사람이 있는데 그 선배가 집으로 돌아갈 때 전봇대를 이용해 발성 훈련을 했다고 한다. 배에서 나오는 호흡을 길게 하기 위해 전봇대와 전봇대 사이를 오가며 숨을 쉬지 않고 "아~~~" 하고 소리를 내는 것이다. 중간에 소리가 끊기면 처음부터 다시 시작했다고 한다. 그는 피를 토해낼 때까지 연습했다. 간절하면 이렇게 하게 된다. 우리도 이렇게 목소리를 훈련해야 한다. 목소리는 성형을 해서 고칠 수 있는 것이 아닌 자신의 끈질긴 인내와 노력으로 고칠 수 있는 것이다.

공부를 잘해서 어디에도 빠지지 않는 사람이 있다. 하지만 면접 당일 면접관이 도대체 이 사람이 무슨 말을 하는지 하나도 모르겠다면 이 사람이 아무리 공부를 잘했어도 그동안의 고생은 물거품이 되어 버릴 수 있다. 입사 지원자라면 면접 시 정확한 발음은 상대적으로 높은 점수를 얻을 수 있는 방법이다. 왜냐하면 어떤 일을 시켜도 똑 부러지게 잘할 것 같고 책임감이 강할 것 같다는 이미지를 심어 주기 때문이다.

리액션
표현력
기르기

리액션의 사전적인 뜻은 "대사나 행동에 대해 반사적 작용으로 나타나는 연기"라고 기록되어 있다. 리액션이 중요한 것은 알고 있지만 막상 하려고 하면 잘 되지 않는다. 부모님의 스피치 스타일을 보면 아이의 스피치 스타일이 정말 부모와 닮았다는 것을 확인할 수 있다. 아이들은 특히 성인의 스피치를 모방할 가능성이 높기 때문에 가정에서도 노력하는 모습을 보여 주어야 한다. 리액션은 왜 해야 할까?

첫째, 리액션 스피치를 하면 상대방이 나와 대화하는 것을 좋아하게 된다. 특히 아이들과 수업을 하다 보면 '이 친구들은 정말 리액션을 받을수록 힘이 나는구나.'라는 생각을 종종 한다. 아이들의 말에 반응해 주면 신이 나 '내 이야기를 경청해 주고 맞장구를 쳐 준다.'고 생각하며 선생님을 정말 좋아한다. 그리고 "선생님은 내 이야기를 잘 들어주고 내 마음을 이해해 줘서 정말 좋아."라고 말한다. 리액션은 격려가 될 수 있다. 즉 정서 발달에도 도움이 된다는 뜻이다.

둘째, 리액션은 나보다 상대방이 많이 말하도록 만드는 마술과도 같은 매력이 있다. 상대방이 말을 할 때 반응해 주면 상대방은 기분이 좋아서 더 많은 말을 하고 싶다는 감정을 느끼게 되기 때문이다. 내 말을 잘 들어 주는 사람을 싫어할 사람이 어디 있을까?

💬 리액션 잘하는 방법

💬 **1단계:** 아~ 네~ 아니요~ 정말이요? 대박!(고개 끄덕이기)

상대방

여러분 고양이 좋아하세요? (아니요~)

저는 고양이를 키우고 있는데 이름이 '식빵이'입니다. (네~)

활발한 성격의 식빵이는 제가 회사에서 일하고 돌아오면 현관으로 뛰어 나와 중문으로 얼굴을 빼꼼히 내다보고 저를 반겨 줍니다. (아~ 고개 끄덕이기)

"간식"이라고 말을 하면 간식 통 있는 곳으로 와서 가만히 앉아 있습니다. (정말이요?)

거실의 소파에서 앉아 있으면 무릎으로 올라와 재롱을 부립니다. (대박!)

이렇게 예쁜 반려묘를 여러분도 키워 보시는 건 어떠세요? (고개 끄덕이기)

2단계: 상대방 말 반복하기, 상대방 감정 말해 주기, 질문하기

❖ 상대방 말 반복하기

이 가방 어제 쇼핑해서 샀어요. 어때요?

어제 쇼핑해서 산 가방이 이거군요. 정말 예뻐요.(미소)

아들이 소풍 간다고 평소보다 일찍 일어나더라고요.

아들이 소풍 간다고 신나서 일찍 일어났군요.(미소)

❖ 상대방 감정 말해 주기

어제 남편이 술 마시고 늦게 들어와서 말다툼했어.

말다툼해서 속상했구나.

15년을 함께 지냈던 푸돌이가 어제 세상을 떠났어요.

푸돌이가 세상을 떠나서 슬프겠구나.

상대방

친구들이 저랑 놀았다가 다른 친구에게 갔어요.

친구들이 잘 놀다가 왜 다른 친구에게 갔다고 생각하니?

나

상대방

언덕길에서 폐지를 줍고 계신 할머니를 보았는데 맘이 불편해.

폐지를 함께 줍지 못한 거 때문에 맘이 불편한 거야?

나

💬 **3단계**: 어제 있었던 일, 기뻤던 일, 슬펐던 일, 화가 났던 일, 즐거웠던 일 등을 정리해서 말해 보기. 카메라 촬영을 해서 내 리액션이 얼마나 자연스러운지 체크해 본다.

작성하시오.

📱 표현의 중요성

"사람은 말을 귀로만 듣는 것이 아니라 눈으로도 듣는다."라는 말이 있다. 또한 "목소리로만 말하면 하수고 표정까지 함께 말하면 고수다."라는 명언이 있다. 코로나19로 마스크를 항상 쓰면서 수업하는 나는 요즘 가장 많이 듣는 말이 있다. "어머 눈만 봐도 표정이 살아있어요.", "코와 입이 안 보이는데 웃는 모습이 느껴져요." 라는 말이다. 이제 표정과 목소리가 짝꿍이 되어 함께 가는 훈련을 해 보도록 하겠다.

같은 영화를 본 A와 B가 있다.

A 자동차들이 경주를 하다가 막다른 골목에 멈춰 섰는데 헐크가 와서 자동차를 한 손으로 잡아 올렸어. 정말 손에 땀을 쥐게 하는 장면이었어.

B 차들이 멈췄을 때 헐크가 잡았어.

A와 B의 차이점은 무엇일까? 표현력이다.

언제부터인가 말을 실감 나게 하라고 하기보다는 "요점만 간단히 해!"라는 말을 많이 한다. 그러나 스피치는 실감 나게 말하기부터가 시작이다. 왜 그럴까? 눈앞에 이미지나 동영상이 펼쳐지듯 생생하게 묘사하여 말해야 잘 기억나고 재미있기 때문이다. 사실만 말하는 것은 감동과 전달력이 없다. 아이들의 일기장을 보면 "어제 아빠랑 축구를 하고 집에 와서 잤다. 끝!" 이렇게 말하는 아이와 "어제 아빠와 축구를 했는데 내가 먼저 한 골을 넣었다. 아빠의 얼굴을 보니까 절대 지지 않겠다는 눈빛이었다. 엄마가 뒤에서 내 이름을 부르며 "우리 아들 화이팅" 응원을 해 주셨다. 힘이 생겨 골을 넣으려는 순간 내 다리에 걸려 넘어져 아쉽게도 아빠에게 골을 양보하게 되었다." 이렇게 말하는 아이가 있다. 어떤 이야기가 재미있는가? 후자의 이야기가 귀에 솔깃하기 마련이다.

스피치 수업에 등록하는 아이들에게 스피치를 왜 배우고 싶은지 물으면 "친구들과 잘 지내고 싶어서요."라고 말한다. 아이들도 관계의 중요성을 잘 알고 있다는 것이다. 자신의 문제가 무엇인지 상대가 왜 저렇게 말하는지를 이해해야 관계는 발전되거나 회복된다. 스피치를 1년 정도 배운 친구들에게 공통적으로 듣는 말이 있다. "선생님 친구들이 많아졌어요."라는 반가운 소리이다.

스피치는 말만 잘하는 것은 소용없다. 내 의견을 말할 때 적절한 표정을 짓는지, 어울리는 어휘를 선택해 말하는지가 중요하다. 스피치를 못하는 사람을 보면 말의 내용이 허술한 사람, 즉 논리성이 떨어지는 사람이 표현력도 부족하다. 어떻게 하면 어휘력을 향상시킬 수 있을까? 책을 많이 읽고 기본 어휘를 배우는 것이 필요하다. 우리 아이가 사용하는 어휘가 한정적이라면 그림책을 활용하여도 좋고 성인이라면 에세이 등에서 어휘를 보고 정확한 뜻을 찾아내어 메모하는 것도 좋은 방법이라고 생각한다. 물론 이 역시도 단시간에 끝낼 수 있다고 생각하기보다는 마라톤 하듯이 길게 보고 익혀야 할 것이다.

나는 언어적인 요소보다 비언어적 측면, 즉 시각적인 요인을 더 중요하게 생각한다. 음성은 사람의 발음 기관에서 나오는데 웃거나 울거나 한숨을 크게 쉬거나 말할 때 어떤 사람은 음성이 일률적으로 똑같아 재미가 없고 지루하고, 어떤 이는 처음부터 끝까지 기차 화통 삶아 먹은 듯이 크게 말하기도 한다. 상대방과 1분만 대화를 나눠도 이 사람이 호감인지 비호감인지 직감으로 알 수 있다.

왜 사람들은 언어는 신경 쓰려고 하면서 비언어, 즉 표현력은 무감각하게 넘어가는 것일까? 논리만으로는 상대방을 설득할 수 없다. 매력적인 사람을 보라. 특별하게 예쁜 것도 아니고 스타일이 뛰어나거나 명품을 휘감은 것도 아닌데 질투가 날 만큼 인기가 많은 사람이 있다. 즉 사람을 끄는 매력은 외모보다는 그 사람의 비언어, 즉 남다른 표현력이라는 것이다.

> **A** 주말에 드라이브 갈까?
> **B** 맘대로 해.

이때 B의 "맘대로 해"라는 말은 짜증 내거나 무심한 말투로 표현될 수 있다. 예를 들어 표정을 밝게 하고 "맘대로 해."라고 한번 해 보자. 정말 어색하다. 즉 표정을 밝게 하고는 "맘대로 해."라고 하기보다는 "그럴까?" 또는 "몇 시에 갈까?"라고 하는 게 더 자연스러워질 것이다. 적극적인 호응을 보내면 상대는 다음에도 "내가 먼저 제안해야지."라는 생각이 든다.

표현력이 부족한 사람들의 메시지는 메말라 있다. 즉 단조롭다는 것이다. 예를 들어 보자. "갑자기 우리 아이가 밖에서 놀다가 집에 들어와서 하품을 하더니 눈을 감고 코까지 골면서 자는 거야."와 "우리 아이가 밖에서 얼마나 신나게 놀았는지 집에 들어와서 하품을 하암~~하더니 눈을 스르르 감고 코를 쌕쌕쌕 골며 자는 거야." 어떤 말이 훨씬 이미지화되는지 생각해 보면 답은 분명 나온다.

표현력이 좋은 사람은 2가지 공통점이 있다.

첫째, 잘 표현하기 위해 노력한다. 어릴 적 화술이 뛰어난 친구가 있었다. 재치있고 유쾌한 친구였다. 타고난 능력이라고 생각했는데 어느 날 친구 집에 갔는데 유머 책을 보며 달달 외우고 밑줄 긋고 연습하고 있는 걸 보았다. 그 후로 친구가 달라 보이기 시작했다. 타고난 끼도 있어야 하지만 자기만의 크레도를 개발하는 것도 중요하다.

둘째, 깡이 있다. 여기서 깡은 리더의 패기와 배짱을 말한다. 자신을 믿는 마음, 맡은 일을 끝까지 밀어붙이는 용기, '열심히 준비했으니 한 만큼만 해 보자!'라는 마음이 고스란히 표현된다.

표현력 기르기 훈련

하루 10분 눈을 뜨자마자 마사지하라

아침에 눈을 뜨면 제일 먼저 침대에서 자신의 어깨, 팔, 다리를 주물

러라. 이때 자신과의 대화가 필요하다. ○○아 잘 잤어?(웃으며) 오늘 하루도 일정이 빡빡하네, 괜찮아. 마음 급하게 먹지 말고 천천히 차근 차근 하면 오늘도 행복한 하루 보낼 수 있어." 이렇게 말하면서 자신의 목소리를 들어라. 잠겨 있는 목소리지만 최대한 자신에게 친절하게 말 하는 습관을 길들여라.

'플라시보 효과'Placebo Effect(가짜 약 효과)라는 것이 있다. 의사가 환자에 게 약효가 없는 약을 주며 "좋은 약이다."라고 말하면 환자는 그 말을 믿고 약을 먹으며 건강해지는 것 같은 느낌을 받는 현상을 말한다. 스 피치도 마찬가지로 긍정적인 사고가 발표울렁증이나 화술에서 빛을 발할 때가 많다. 아침에 바쁘더라도 1분만 투자해 스스로 자신감을 더 해 주고 긍정적 지지를 많이 하다 보면 플라시보 효과가 나를 정말 자 신만만한 사람으로 만들어 줄 것이다.

🗨 의성어 의태어를 살려 말하기

❖ 흥부와 놀부 대사 중 ·····

아이고 박이 이렇게나 튼실허게 생겼구나.

영차 영차 톱질허세 질근 질근 질근 질근

노래를 부르며 박을 타는 순간 쩌억

금덩어리가 와르르르~ 돈덩어리가 주르르르르~

커다란 기와집이 짠! 하고 나왔어요.

💬 정확한 어휘 적고 사전적 의미 기록하기

- 코로나로 인해 덕[1]을 보는 물품들이 늘어나고 있다. 바로 밀키트[Meal Kit][2]이다. 간편한 데다 맛까지 좋아서 활기차게 판매가 급증[3]하고 있다. 종류도 다양한데 요즘에 핫한 마라탕이나 순대볶음, 순두부찌개가 불티나게 팔리고 있다.
- 재택근무, 외출 자제로 집에 있는 시간이 늘어 확진자[4] 대신 '확찐자'[5]가 되는 것이 두렵다.

💬 다양한 어휘로 바꾸어 사용하기

우리가 늘 사용하는 어휘를 다른 어휘로 바꾸어 쓰는 것도 좋은 방법이다. 예를 들면 '너무 좋아'라는 말에서 '너무'라는 단어를 바꿔 '아주 좋아', '진짜 좋아', '엄청 좋아', '정말 좋아'로 활용할 수 있다. "오늘 친구들하고 재미있었어?"라고 묻는다면 '신났어?', '즐거웠어?', '최고였어?', '환상적이었어?' 등 어휘를 다양하게 바꾸어 사용하도록 노력한다.

예 가족과 제주도 여행을 가기 위해 비행기를 탔어요. 재미있었고 맛있는 음식도 많이 먹었고 호텔리조트에서 수영도 했어요.

⇒ 가족과 제주도 여행을 가기 위해 비행기를 탔는데 두근두근

----

1 덕: 베풀어 준 은혜나 도움
2 밀키트: 반조리 식품
3 급증: 갑작스럽게 늘어남
4 확진자: 질환을 확실하게 진단받은 사람
5 확찐자: 외출 자제로 활동량이 줄어 살이 확 찐 사람을 낮잡아 이름

심장이 뛸 만큼 재미있었어요. 가서 맛있는 음식도 정말 많이 먹고 호텔리조트에서 수영도 했는데 완전 환상적이었어요.

🗨 오감 자극으로 스토리텔링 하기

'햄버거에 대해 1분 스피치 하기 시작!' 아이나 어른이나 1분을 주고 햄버거를 상상하면서 말하라고 하면 한결같이 "맛있어요."가 전부다. 햄버거 사진을 주면 "다양한 재료가 있어 맛있어요."가 햄버거 표현의 전부이다. 이럴 때 구체적으로 표현하는 스피치가 바로 오감 스토리텔링이다. 시각(눈) 후각(냄새) 미각(맛) 청각(듣기) 촉각(만져보기)으로 표현하는 것이다.

'여기 맛있는 햄버거가 있습니다. 이 햄버거를 팔아 보겠습니다.'

시각: 여러분 여기 말랑말랑한 갈색 빵이 재료를 위아래로 폭신하게 감싸고 있습니다. 싱싱한 양상추와 신선한 토마토, 그리고 육즙이 가득한 두꺼운 고기와 노란색 치즈가 보이고 마요네즈와 소스가 어우러져 있어요.

후각: 주문한 햄버거가 도착했어요. 음~ 빵 냄새와 채소와 곁들인 고기 냄새! 절 유혹하고 있어요. 어떡하죠? 아~ 맛있는 냄새 때문에 도저히 못 참겠어요.

미각: 제가 먹어 보도록 하겠습니다. 촉촉한 빵 사이로 아삭한 양상추가 씹혀요. 그리고 치즈와 마요네즈의 맛이 정말 고소하고 달콤해요.

청각: 지글지글 고기 굽는 소리가 들리고 양상추 찢어 담는 소리도 들려요. 빨리 와사삭 한입 먹고 싶어요. 빨대로 콜라를 먼저 호로롭 먹었어요.

촉각: 햄버거를 싼 포장지가 맨질맨질 부드러워요. 어? 포장지로 입을 닦아도 따갑지 않아요. 빵의 말랑한 느낌도 폭신해서 정말 좋아요.

사물을 말할 때 막연하게 말하게 되면 말의 재료가 없어 당연히 표현도 부실하게 된다. 이렇게 오감을 생각하여 말에 적용해 보자. 그 외 쇼핑호스트 스피치, 교통정보 리포터 스피치, 맛집 리포터 스피치 대본을 활용해 표현력을 길러 보도록 한다.

🗨 자기표현 대화법 – 구체적으로 칭찬하라

A 오늘 김 부장님 멋진데요.
B 오늘 김 부장님 넥타이 색깔과 피부색이 잘 어울리는데요.

A 시계 예쁘네.
B 시계 알이 커서 손목이 상대적으로 가늘어 보이네요. 어디서

샀어요? 이런 디자인 요즘에 잘 안 나오는데 안목이 보통이 아니네요.

당신이라면 어떤 사람의 말을 더 듣고 싶은가? 당연히 후자일 것이다. C.S 루이스Clive Staples Lewis는 "우리에게는 무조건적으로 나의 좋은 면만 보려는 존재가 있다."라고 말했다. 그게 누구일까? 바로 "우리 자신"이라고 말한다. 그래서 다른 사람을 바라볼 때 나를 대하듯 남을 대하는 자세가 필요하다고 강조하고 있다. 성경에도 이런 구절이 있다.

"그러므로 무엇이든지 남에게 대접을 받고자 하는 대로 너희도 남을 대접하라. 이것이 율법이요 선지자니라"(마태복음 7장 12절)

이 말은 타인을 소중하게 여기고, 구체적으로 표현해 주고, 칭찬해 주면 남도 나에게 그렇게 해 줄 것이라는 뜻이다. 그리고 그것이 둘 다를 위해 효과적인 결과가 된다.

내가 유치원 교사 시절 만 5세 아이를 지도했는데 그림 그리기를 정말 싫어하는 남자아이가 있었다. 스케치북 사이즈를 보면 항상 한숨 먼저 쉬고 울상을 지으며 30분 동안 앉아만 있다가 시간이 지나서 스케치북을 걷으면 꾸깃꾸깃한 채로 가져왔다. 눈치를 보면서 입을 삐쭉 내미는데 어찌나 귀엽던지 미소를 지으면서 "잘했어!"라고 말하고 책상 위에 올려놓았더니 한참을 빤히 보더니 "영혼 없는 말씀!" 이렇게 말하고는 자기 자리로 돌아가 앉는 것이 아닌가! 이 말을 듣고 나는 망치로 한 대 맞은 기분이었다. '아~ 애들도 무조건적인 칭찬을 좋아하는 게 아니었구나!'를 그때 깨달았던 것이다. 아이도 자기가 그림을 잘

못 그렸다는 것을 아는데 잘 그렸다고 하니 얼마나 선생님이 한심하게 보였을 것인가!

그렇다면 어떻게 구체적으로 칭찬할 수 있을까? "매뉴얼이라도 알려주세요!"라는 분들을 위해 방법을 제시한다. 다음의 상황을 보고 영혼 없는 칭찬과 구체적 칭찬의 사례를 적용해 보기 바란다.

상황	영혼 없는 칭찬	구체적 칭찬
아이가 신발을 혼자 신었을 때	잘했어.	우리 ○○이가 혼자서 신발을 신었네. 와!(미소)
아이가 학교 다녀온 후 손을 씻었을 때	멋있네.	우아 30초 이상 흐르는 물에 손을 깨끗이 씻었구나! 건강해지겠는걸?(미소)
아이가 심부름했을 때	고마워.	○○이가 엄마를 도와줘서 엄마가 빨리 끝낼 수 있을 것 같아서 기분이 좋네.(미소)
아이가 인사했을 때	대단하네.	○○이가 아빠에게 "다녀오셨어요?" 하고 인사해서 아빠는 기분이 엄청 좋았어.(미소)

🗨 상대방의 관심사를 찾아라

지금 내 옆에 누가 있을까? 스피치 상대가 없다면 찾아보기 바란다. 말할 친구를 찾았다면 상대방을 쳐다보고 무엇을 좋아할지 생각한 후 말해 보도록 하겠다.

예를 들면 "당신은 한식을 좋아하나요?"라는 질문에 상대방이 "예/아니오." 중 "아니오."라고 말했다면 왜 안 좋아하는지를 물어보며 대화를 이어 나간다.

"당신은 여행을 좋아하나요?"라고 물었을 때 상대방이 "예/아니오." 중 "예."라고 말했다면 다녀왔던 곳 중에서 가장 기억에 남는 곳이 어딘지 등을 생각해 확장 질문으로 대화를 유도하는 것이다. 이때 공통 관심사가 생기기도 하고 타인의 말을 들으면서 상대방은 자기표현을 어떤 식으로 하는지를 보면서 배우게 된다.

⌨2 쇼핑호스트·리포터 스피치를 통해 표현력 키우기

세상이 아무리 빠르게 변하고 있고 인공지능 시대를 살아가도 사람과 사람 사이의 소통은 기본이며 그 기본은 결국 말이다. 말을 통해 자의에 의해서든 타의에 의해서든 의사 전달을 해야 하고 상대방의 마음도 움직일 수 있어야 한다.

설득의 귀재라 불리는 쇼핑호스트의 화법이 바로 표현력을 최대한 발휘한 화법이다. 쇼핑호스트는 말할 때 대본이 없기 때문에 타고난 센스가 있어야 하며 상황 대처 능력이 누구보다 뛰어나야 한다. 아나운서는 팩트만 전달하면 되지만 쇼핑호스트는 에피소드를 풀어야 하기 때문에 많은 표현력이 요구되는 직업이다. 쇼핑호스트와 리포터의 공통점은 표정, 미소, 손 핸들링이 능숙하다는 것이다. 이제부터는 홈쇼핑 방송을 볼 때 물건을 살 뿐만 아니라 쇼핑호스트가 어떻게 물건을 파는지 분석해 보기를 바란다.

💬 쇼핑호스트 스피치

어머어머 이것 보세요. / 야들야들한 스테이크를 불판에 올리면 지

글지글~/

들리세요?/ 이 소리가 익는 소리라는 거죠?(웃음)/

와~ 생각만 해도 입안에 벌써 군침이 돌아요./

요즘 코로나19로 집에서 스트레스 엄청 받잖아요./

우리 주부님들 아이들 챙기시느라 너무 힘드셨을 텐데/

오늘은 남편분께 스테이크 구우라 하시고/

와인 한잔 여유 있게 드셔 보는 건 어떨까요?(웃음)/

레스토랑 가시면 이게 돈이 얼마예요?/

그리고 지금 식당도 9시 이후 문 닫아서 맘 놓고 분위기 낼 수 없으니/

오늘 할인에 카드 5% 적립으로 들어가시면/

아주 그냥 대박! 입니다./

"/" 부분은 잠시 쉰다.(Pause)

📢 내가 쇼핑호스트가 되어야 한다.

📢 단조롭게 말하지 말고 리듬을 넣어 말해야 한다.

📢 웃음과 표정을 넣어서 말해야 한다.

🗨 맛집 리포터 스피치

안녕하세요./ '맛집 냠냠을 찾아서'의 깜찍이 리포터/ ○○○입니다./

와~ 오늘 제가 이른 새벽에 이곳으로 왔는데요/

흠흠~ 공기가 정말 좋습니다./

상쾌한 공기를 마시면서 지금 바로 맛있는 여행을 떠나 보겠습니다./

이렇게 추운 계절에는 어떤 음식이 생각나세요?/
오늘 저랑 같이 청국장을 드시러 ○○으로 가 보겠습니다./
자 준비되셨습니까?/ 출발합니다./

"/" 부분은 잠시 쉰다.(Pause)

🔊 내가 리포터가 되어 있어야 실감 나게 전달할 수 있다.
🔊 톤을 너무 높이지 말고 경쾌하고 밝게 말해야 한다.

💬2 절대 음감을 활용해 말해라

말할 때 웅얼웅얼하면 듣는 사람은 집중이 되지 않아 딴생각을 한다. 말할 때 감정을 넣지 않으면 메신저도 메시지도 빛을 잃어버리게 된다. 내가 말하고자 하는 핵심 메시지를 드러내고 싶다면 반드시 강하고 크게 소리 내야 한다. 내가 말하는 내용이 다 중요하더라도 모든 문장을 크게 말하는 것이 아니라 어떤 단어는 크게, 어떤 단어는 작게, 어떤 단어는 보통으로 소리를 내 줘야 잘 듣게 된다.

다음 문장을 여리게(p/작게) 강하게(f/세게) 훈련해 보겠다.

"있잖아, 내가 왜 오빠를 좋아하는지 알아?"(p)
"왜?"(p)
"오빠는 용감하고 씩씩하고 박력 있어.(f) 난 그런 오빠를 평생 사랑할 거야."(귀에 속삭이며/pp)
"진짜? 야호!"(f)

강하게 말할 때는 나도 모르게 속도가 빨라지고 여리게 말할 때는 소리가 작아지면서 나도 모르게 천천히 말하게 된다. 말을 할 때는 이렇게 강하게도 여리게도 조절하면서 말해야 내용의 논리성에 대한 이해도가 올라간다. 그래서 표현력은 중요한 것이다. 내가 말한 내용이 다 중요하다고 해서 계속해서 지르는 발성으로는 사람들의 눈과 귀를 집중시킬 수 없다.

길을 가다가 나보다 예쁜 여자를 보면 어떤 반응을 보이는가? 한 번 더 보게 된다. 길을 가다가 나보다 더 날씬하고 키가 큰 여자를 보면 어떤 반응을 보이는가? 그들을 질시의 대상으로 삼기도 하지만 동경하게 된다. 하지만 우리의 몸매를 가꾸거나 외모를 예쁜 모습으로 바꾸어서 그들과 동급이 되는 것보다는 남들보다 매력적으로 보이는 화법을 구사할 수 있는 능력을 기르라고 말해 주고 싶다. 그것이 내 무기이며 내 가치가 상승할 수 있는 기회다.

다음의 예문도 강하고 약하게, 표정도 함께 표현해 보도록 하겠다.

"난 당신을 / 사랑해요."

"우리 아들이 세상에서 / 제일 잘 생겼어."

"안녕하세요. / 반갑습니다."

말에 강세를 주면 단조롭게 들리지 않고 기품있고 대화가 품격 있게 된다. 이렇게 충분한 연습을 통해 화법을 훈련했다면 이제는 일상적인 대화도 적극적으로 활용해야 한다. 사람과 대화를 하면서 내가 강조하고자 하는 어휘(명사, 형용사, 지명, 숫자 등) 문장의 속도나 높낮이를 잘 조절해서 메시지의 내용을 정확하게 전달하면 충분히 매력적인 사람으로 보일 것이다. 물건을 사러 갈 때 백화점에서든 시장에서든 나는 "어머 목소리가 참 좋으세요. 직업이?" 이런 말을 자주 듣는다. 비단 훈련할 때만 목소리를 잘 내는 것이 아니라 일상생활에서도 연속적으로 습관이 되어야 좋은 목소리를 낼 수 있다.

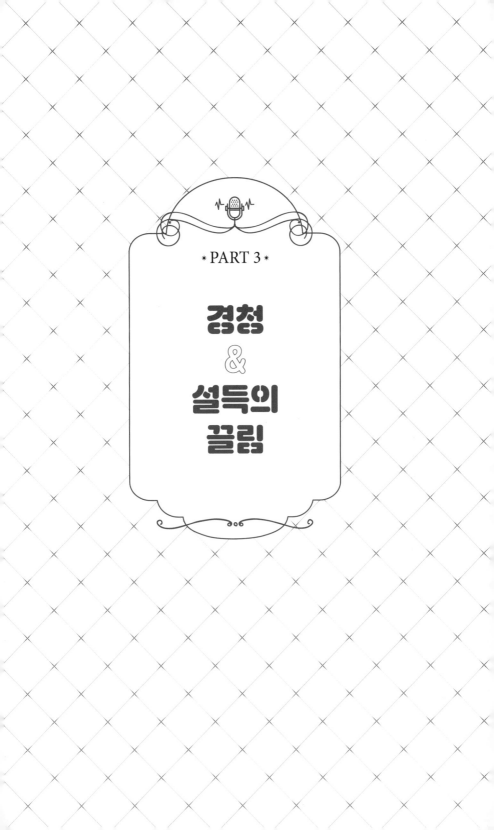

* PART 3 *

경청
&
설득의
끌림

경청

　　말주변이 없어서 고민이신 분, 사람들과 함께 있으면 무슨 말부터 해야 할지 몰라 걱정이신 분, 대인 관계를 잘 맺고 싶어서 말을 잘하고 싶다고 말하는 분이 의외로 많다. "어떻게 하면 될까요?"라고 물어보지만 그때마다 나는 그냥 잘 들어 주라고 한다. 왜냐하면 내가 적당히 할 말이 없는데 억지로 화두를 찾아내려고 노력하다 보면 오히려 낭패를 보는 일이 더 많기 때문이다.

　아주대학교 심리학과 이민규 교수는 "대인 관계에 문제가 있다고 생각하는 사람들은 자기가 말을 잘 못하기 때문이라고 말한다. 하지만 틀렸다. 관계의 문제는 말을 못해서 생기는 경우보다 말을 제대로 듣지 못하고 오해가 생겨 일어나는 경우가 훨씬 더 많다."라고 말했다. 말을 잘하는 사람이 부러움의 대상은 맞다. 하지만 여기서 꼭 짚고 넘어갈 것이 있다. 부러워하는 것과 좋아하는 것은 다르다는 것이다. 부럽다는 것 때문에 거리감을 느끼기도 하고 질투의 대상이 될 수 있다.

　당신은 말을 잘하는 사람이 좋은가, 아니면 잘 들어 주면서 맞장구

쳐 주고 위로해 주는 사람이 더 좋은가? 당연히 후자일 것이다. 내 이야기를 진지하게 들어 주면 내가 존중받고 있다는 느낌이 들기 때문이다. 대화하면서 내 목소리가 상대방 목소리보다 많이 들린다면 그것은 말을 잘하는 것이 아니라고 말한다. 나는 스피치가 말을 많이 하는 것이나 말을 잘하는 것이라고 생각하지 않는다. 그럼 가만히 앉아서 듣기만 하면 될까? 이 역시도 정말 답답한 일이다.

대화의 법칙 중 1:2:3 법칙이라는 것이 있다. 1번 말하고 2분 이상 듣고 3번 맞장구를 치면 상대방이 나를 두고 '저 사람은 나를 이해해 준다.'라고 생각해서 신뢰감을 얻게 된다는 법칙이다. 경청은 무조건 한 사람은 듣고 있고 한 사람은 말만 하는 것이 아니라 함께 대화하는 데 꼭 필요한 화법이다. 단순히 '저 사람이 말하니까 듣고 있어야지.'라고 생각해서는 경청이 완성될 수 없다. 빌케이츠가 자주 사용했던 화법이 "Really?(정말요?)", "Excellent.(대단하네요.)", "And then what happens?(그래서 어떻게 됐어요?)"라고 한다. 이 말로 사람의 마음을 얻고 공감 능력을 키워 갔다고 한다. 이처럼 경청은 잘 듣고 잘 응답해 주는 것이다.

특히나 아동기 교육에서는 경청의 중요성이 더 많이 요구되는 편이다. 친구들 사이에서 일어나는 크고 작은 삐걱거림을 되짚어 보면 상대방의 말을 잘 듣지 못하고 자기 맘대로 해석해서 오해가 생기는 경우가 생각보다 많이 있다.

나는 '어떻게 하면 사람들이 잘 듣게 할 수 있을까?'를 고민했는데, 상대방의 이야기에 집중하지 못할 때 경청을 잘하지 못한다는 결과를 도출해 낼 수 있었다. 그러므로 경청하기 위해서는 집중력을 키워야 한다. 집중한다는 것은 잘 기억한다는 뜻이기도 하다. 집중력과 기억력을 키우는 방법을 알아보자.

💬 집중력, 기억력 기르기

💬 야옹, 멍멍 게임 – 청기백기 응용 게임

기대 효과: 긴장감과 정리해 듣는 습관이 생기므로 집중력이 향상된다.

❖ 게임 방법

왼쪽은 야옹   오른쪽은 멍멍

① 두꺼운 도화지에 고양이 그림을 붙이고 동그랗게 오려 준다.
② 아이스크림 막대나 나무 젓가락을 도화지 아래에 붙인다.
③ 제시어를 듣고 청기를 올리고 백기를 내리는 형태의 게임을 생각하면서 실시한다.

A 야옹 올려!
B 야옹을 올린다.

A 야옹 내리고 멍멍 올려!

B 야옹을 내린 후 멍멍을 올린다.

A 야옹 내리지 말고 멍멍 올리지 마!

B 야옹 내리지 않고 멍멍 올리지 않는다.

💬 줄거리 기억하여 말하기

어릴 적 들었던 이야기, 누구나 다 알 만한 동화 한 편씩은 기억하고 있을 것이다. 동화를 들려주고 캐릭터를 각자의 머릿속에 넣고 상상하여 문제를 제시한다.

💬 몸으로 말해요

가정에서 온 가족이 함께할 수 있고 또는 회사에서 동료들과 함께할 수 있는 게임이라 집중하고 기억하는 효과도 좋다.

◈ 게임 방법

① 일렬로 서서 뒤돌아 있고 팀의 첫 번째 주자가 구경꾼(청중)에게 제시어를 보여 준다.

② 첫 번째 주자는 뒤돌아 있는 다음 주자에게 말소리를 내지 않고(음소거) 몸으로 제시어를 설명한다. 제한 시간을 주고 가장 많은 제시어를 맞추는 팀 또는 개인이 승리한다.

카테고리별로 동물, 속담, 영화, 운동 종목이 가장 흥미롭다.

- 동물 이미지나 사진, 또는 직접 스케치북에 그린 그림을 설명한다.

- 어렵지 않고 동적인 속담을 선정한다.
  예 "누워서 떡 먹기", "믿는 도끼에 발등 찍힌다", "세 살 버릇 여든까지 간다." 등

- 영화 제목도 대중적이고 사람들의 기억에 남아 있을 만한 것을 생각하여 선정한다.
  예 "바람과 함께 사라지다", "타이타닉", "해리포터" 등

- 운동 종목은 "야구", "축구", "핸드볼", "족구", "테니스" 등

직접 해 보면 생각보다 쉽지 않다는 것을 경험하게 될 것이다. 스피치는 하루아침에 완성되지 않으니 다양한 방법으로 시도해 보기 바란다. 우리가 먹는 과일의 열매도 처음부터 먹음직스럽지 않을 때가 있다. 처음에는 조그맣고 새파랗고 쓴맛이 나지만 계절의 변화에 따라 긴 시간 동안 익어가는 것이다. 스피치도 마찬가지라는 사실을 명심하라!

Self Talk (나에게 이야기하기)

15년 전 아들 민혁이가 5살이었을 때 만화 영화 주제가를 민혁이 이름으로 개사해서 노래를 불렀던 적이 있다. "용감한 태권브이 민혁!" 신나 하는 엄마와는 다르게 민혁이는 "엄마! 하지 마!" 소리를 지르며 화를 냈다. 자기의 이름에 대한 소중함을 인식하고 자기 이름을 아무 곳에나 사용하는 엄마에게 화가 났다고 표현하는 아들이 참 기특했다. 이렇게 자아를 알아갈 시기에는 자존감 형성에 열을 올려야 한다는 사실을 부모들은 꼭 기억하길 바란다.

자존감은 성인이 되어 형성되는 것이 아니라 만 48개월이 되면 본격적으로 성장하게 된다. 그래서 부모가 아이의 행동과 대화하는 모습을 잘 관찰하고 아이가 정서적 지지를 받을 수 있도록 아이와 대화를 많이 해야 아이는 긍정적인 자아를 가지고 성장하게 된다. 이때 다른 사람과 비교하거나 무리한 학습을 시키며 아이를 구박하면 아이는 이상 행동을 보이며 특히 자존감이 떨어져 성인이 되어서도 자존감 결핍을 보이게 된다. 어렸을 때의 정서적 안정감은 뇌 발달로 이어져 사고력을 가진 아이로 성장하게 하므로 성인이 되어서도 영향을 미친다는 사실을 기억해야 한다.

자존감이란 나를 나답게 살 수 있게 끄는 힘이다. 그래서 자존감이 높은 사람은 대인관계 능력이 우수하고 공감 능력 또한 탁월하며 집중력도 높아서 성공한 케이스가 많다.

당신은 자존감이 높은 편인가? 자존감이 높은지 그렇지 않은지를 알고 싶으면 내가 자존심이 센지 아닌지만 알면 된다. 자존감이 높은 사람은 자신의 가치를 있는 그대로 인정하고 받아들이지만 자존심이 센 사람들은 자신을 남과 비교해서 자신을 더 불행하게 만드는 사람들이다.

비교와 경쟁이 묻어나는 스피치의 내용은 어떨까? 긍정적이기보다는 부정적이고 폐쇄적이다. 비전을 생각하기보다는 과거에 사로잡혀 있다. 나는 이런 사람들을 정말 많이 만났다. 조금 억울하면 바르르 떨고, 좀 손해 본다 치면 당장 따지고 봐야 하는 사람들이다. 정작 자신은 정당하며 정의롭다고 말하고 있지만 제3자의 입장에서 보면 참 안타깝고 불안하다. 살다 보면 항상 우리에게 예상치 못한 스트레스가 다가온다. 성인이 된 당신의 자존감이 낮다고 자책할 필요는 없다. 지금이라도 노력하면 얼마든지 내 마음의 상태를 평안하게 이끌 수 있기 때문이다.

셀프 토크란 말 그대로 자기 자신과 대화하는 일이다. 셀프 토크로 분노 조절 트레이닝을 받은 사람들이 눈에 띄는 변화를 보였다는 사례도 자주 접하게 된다. 셀프 토크를 처음 접한 사람은 정말 힘들어한다. 시도하지 않았던 것이기 때문이다. 당연하다. 자기 자신에게 말을 한다는 것은 어색한 일이다. 왜냐하면 자신과 이야기한 적이 없기 때문이다. 나는 셀프 토크 수업을 할 때 거울 앞에 서서 자신의 모습을 보라고 한다. 거울 앞에 선 자신의 모습을 보고 사람들은 대부분 두 가지 반응을 보인다. 멋쩍어서 웃거나, 한참을 쳐다본 후 눈물을 글썽거리는 경우다. 왜 눈물을 보이냐고 물어보면 모르겠다고 그냥 눈물이 나온다고 말한다. 아마 그동안 열심히 살아온 자신의 얼굴을 보면서 대견스럽기도 하고 미안하기도 해서 그런가 보다. 다 울고 나서 진정이 되면 이렇게 물어본다.

선생님

○○님께 해 주고 싶은 말이 있습니까?

네 있습니다. 한 해 동안 너무 바쁘게만
지낸 것 같아 나에게 너무 미안합니다.

수강생

선생님

그렇군요. 그런 ○○님께 어떻게 말하면
위로가 될 것 같습니까?

○○아~ 그 정도 했으면 됐어. 고마워.

수강생

선생님

○○씨를 두 손으로 안아 볼까요?
(안아주는 제스처를 보여 준다.)

○○아 사랑해*^^*

수강생

이외의 다양한 질문을 통해 자신을 보며 말할 수 있도록 시도해 본다.

예 오늘 하루 일과를 거울 속에 보이는 나에게 얘기해 주시겠습니까?
예 속상했던 기억이 있으면 거울 속에 보이는 나에게 얘기해 주시겠습니까?

위 훈련을 통해 스스로를 뼛속까지 사랑하고 존중하고 소중히 여기는 시간을 가져 보길 바란다. 이제는 자존심이나 열등감에 집착하기보다는 자존감을 높일 수 있는 방법을 더 구체적으로 찾아 나서길 바란다.

내 말 듣기 (자기경청)

유치원 교사로 근무했던 나는 성품 교육을 할 때 꼭 빠지지 않고 가르쳤던 인성이 바로 '경청'이었다. 지금도 경청 노랫말이 생각난다. "친구의 말과 행동을 잘 집중하여 들어 친구가 얼마나 소중한지 인정해 주는 것 그것이 경청이래요." 경청의 정의를 노래로 만들어 습득되게 교육했다. 원에서 친구들이 자기 말을 듣지 않으면 "아무개야 내 말을 경청해 줬으면 좋겠어." 이렇게 표현하는 7살 아이들의 말에 마음이 뭉클하기까지 했었다. '아~ 되는구나. 교육의 힘이 이렇게 훌륭하구나.'라는 확신이 들었다.

아이들은 이렇게 교육으로 되는데 성인은 왜 안 될까? 특히 나이를 먹을수록 남의 말을 더 안 듣고 자기의 고집을 부리게 된다. 이것은 경청을 몰라서가 아니라 나의 말을 내가 안 듣고 있기 때문이라고 생각한다. 자신의 말투(뉘앙스)가 상대방을 코너로 몰고 있는데 자신은 그런 의도로 말하지 않았다고 한다. 즉 자신의 말투를 듣지 않아서 생기는 오류이다. 말끝을 흐려서 무슨 말인지 전달이 안 되는데 눈치 없이 빠르게 혼자 말하기까지 한다. 이 말을 듣는 상대방이 이렇게 말한다. "환장하겠네, 뭔 소린지 하나도 모르겠어요." 얼마나 답답하면 "환장하겠네."라는 표현을 쓸까! 이런 식으로 혼자서 외롭게 말하니 대체 어느 누구를 설득할 수 있을까?

라온제나스피치 임유정 원장의 《성공을 부르는 스피치 코칭》에서는 자기경청에 대해 4가지를 강조한다.
첫째, 내 목소리 내기. 조용한 곳에서 천천히 내 목소리에 집중하고 "야~~~~~~호!" 귀를 열어서 내 목소리를 순수하게 들어 보라고 강조하고 있다. 왜냐하면 내 목소리와 친해져야 하기 때문이란다.

둘째, 내 목소리 듣기. 그런 다음 화자=청자가 되는 경험을 해 보라고 말한다. 이렇게 되면 말을 하면서도 내 말을 듣는 청자의 입장을 헤아릴 수 있다고 한다.

셋째, 내 목소리 인정하기. 인정하고 비워야 채울 수 있다고 한다. 지금의 내 목소리는 내 과거의 모습을 담고 있다고 한다. 그러니 우리는 스스로 사랑해야 한다.

넷째, 내 목소리 강화하기. 마지막으로 가장 중요한 강화이다. 자신의 목소리를 강화시키는 가장 중요한 것은 자신감이라고 말하며 "자신감! 스스로를 믿는 마음에서 나온다."라고 표현하고 있다.

그래서 말하는 사람은 반드시 내 말 듣기, 즉 자기경청을 해야 한다. "말투가 왜 그래?", "너는 왜 매일 후벼 파는 말만 골라서 하니?", "오늘 기분 나쁜 일 있어?" 이런 소리를 한 번이라도 들었다면 '내 말 듣기'를 통해 반드시 말투를 고쳐 가기를 바란다. 나는 내 말 듣기를 이렇게 가르치고 있다.

첫째, 내 말을 Live로 듣기이다. 사람들은 녹음한 음악보다 생음악 듣기를 좋아해서 라이브 카페를 찾아가는 것이다. 이처럼 말도 녹음해 듣는 것이 아니라 라이브로 들으면서 말하는 것이다. 앞에 나가서 말했을 때 "내가 무슨 말을 했는지 모르겠어."라고 말하는 분들이 있다. 내가 말한 것을 왜 나만 기억하지 못할까? 내 말을 나만 듣지 않았다는 뜻이다. 아침에 눈을 뜨면 당신은 누구와 어떤 말을 하는가?

아이를 깨우는 엄마라면 짜증 내는 말투보다는 부드럽게 호흡을 배에 채우고 끌어올리면서 낮고 크게 "00아 일어나렴, 학교 갈 시간이야."라고 부드럽게 말해 보라. 평소와는 다른 엄마의 음성을 듣고 아이는 바로 일어날 것이다. 상대방과 이야기할 때도 내 말이 빠른지, 짜증이 섞여 있지는 않은지를 들으면서 말하는 습관을 반드시 들여야 한다. 이때 중요한 것은 항상 실천하는 것이다. 실천은 잘되지 않는다. 그래서 항상 써 놔야 한다. 자주 봐야 한다. 어디에 써 놓을까? 포스트잇에 글씨를 써서 화장대, 화장실, 주방 등 많이 가는 동선에 붙여 놓고 자주 본다면 실천을 안 할 수 없을 것이다.

둘째, 내 목소리 다지기이다. 다지기란 기초를 튼튼하게 한다는 뜻이다. 목소리의 기초를 다지기 위해 내가 정확하게 발음하고 있는지, 상대방이 내 말을 잘 들을 수 있도록 편안한 음성을 내며 공명된 목소리를 전달하고 있는지, 말의 빠르기는 적당한지, 상대방이 내 말을 이해하고 있는지, 아무 말 대잔치를 하고 있지는 않은지 반드시 체크해 봐야 한다.

목소리 다지기 체크리스트
발음이 정확하게 들리는가?
공명이 내 목소리에 담겨 있는가?
말의 빠르기는 적당한가?

상대방이 내 말을 이해하고 있는 것 같은가?

아무 말 대잔치(횡설수설)를 하지 않고 분명하게 말하고 있는가?

날짜	실천(O/X)	날짜	실천(O/X)
/		/	
/		/	
/		/	
/		/	
/		/	
/		/	
/		/	

날짜	실천(O/X)	날짜	실천(O/X)
/		/	
/		/	
/		/	
/		/	
/		/	
/		/	
/		/	

＊해당 날짜를 기입하고 실천했으면 O, 못 했으면 X를 한다. 꾸준히 하는 것이 목표!

자기경청을 잘하지 못하면 일상생활에서의 대화에서 오해

를 많이 받게 된다. 하나의 예를 들어 보겠다.

A 어제 넷플릭스에서 미드 봤거든, 너도 남친이랑 봐
봐.

B 그래? 넷플릭스는 어떻게 보는 거야? 스마트폰으
로? 티비로? 재미있어?

A 둘 다 가능하고 난 회사에서 쿠폰이 나와서 봤어.

B 다 미국 배우야?

A 내가 좋아하는 스타일은 아니야.

위 대화를 보면 무엇이 잘못됐는지 알 수 있을 것이다. A
는 B가 궁금해하는 질문을 철저히 무시하고 있다. A의 말
에 B는 '우리는 맞지 않아.'라고 생각할 것이다. 자기경청을
하면 자기가 한 말을 생각하면서 말하기 때문에 대화의 오
류를 범할 가능성이 지극히 적다.

**설득의
끌림**

🗨️ 설득의 이론

스피치에서의 설득을 논할 때 기술적인 면에서 항상 따라오는 3요소가 있다. 아리스토텔레스_{Aristoteles}가 설득의 수단으로 제시한 에토스_{Ethos}, 파토스_{Pathos}, 로고스_{Logos}이다. 이 수단은 연설할 때 기본 요소 3가지인 메시지와 연사 그리고 청중과 일치하는 것으로, 아리스토텔레스는 설득의 3요소가 조화를 이룰 때 설득의 극대화를 기대할 수 있다고 주장하였다. 즉 설득하기 위해서는 이 3가지를 간파해야 한다는 말이다. 그는 지도자가 지녀야 할 최고 덕목이 '설득'이라고 말했다. 이처럼 중요하게 여겨지는 '설득'이 무엇일까? 설득이란 글과 말로써 타인의 믿음, 의도, 태도, 행동, 동기 부여에 영향을 미치는 것으로 설명된다. 즉, 타인을 움직이는 동적인 것이다. 설득의 3요소에 대해 자세히 알아보고자 한다.

🗨 에토스

연사의 인격으로 연사의 열정과 전문성과 진실성에 대한 믿음을 의미한다. 청중은 연사에게 "잘할 거야."라는 기대를 하고 있으므로 연사는 스스로 청중에게 공신력 있는 모습으로 비치기 위해 항상 노력해야 한다. 아리스토텔레스는 연사의 공신력은 전문성과 인품, 진실성, 도덕성, 성품에서 나온다고 주장하였다. 청중은 똑같은 말이라도 전문성 있고, 열정 있고, 덕망 높은 사람이 하는 말을 더 신뢰하기 때문이다. 에토스는 화자의 성격이라고 기억하면 된다. 연사의 인격이나 신뢰감이 연사가 전하는 메시지가 믿을 만한지 설득당하는 것에 영향을 미친다. 그러므로 연사의 목소리나 인사 태도, 신뢰감 같은 세부적인 것이 에토스이자 설득의 한 측면이라고 생각하면 된다.

🗨 파토스

청중의 감정이나 감성이 설득 수단이 된다. 뇌 과학자들의 공통된 주장은 사람은 중요한 결정을 할 때 감정에 의존한다는 사실이다. 명절이 지나면 귀금속이 정말 많이 팔린다고 한다. 쇼핑을 하면 내 마음이 풀리고 기분이 좋아지기 때문이다. 내 이야기를 듣는 청중의 심리 상태를 파악해 스피치를 해야 좋은 결과를 가져올 수 있는 법이다. 요즘 감성 마케팅이 대세인 이유도 소비자의 기분과 감정에 긍정적인 이미지를 심어줄 수 있기 때문이라고 할 수 있다. 상대방의 감정을 말해 주고 이해해 줄 수 있으려면 내 감정이 긍정적이어야 한다. 내 감정이 분노, 인색함으로 가득하면 상대방을 설득하기가 어렵다. 그래서 내 마음을 날마다 긍정으로 채우려고 노력해야 상대방에게도 긍정적 감정이 나올 수 있는 것이다. 청중의 정서적인 부분에 초점을 맞추는 스피치 요소가 파토스이다.

💬 로고스

로고스는 논리 즉, 설득의 필요조건이다. 로고스만으로는 상대를 설득하기 부족할 수 있지만 또 로고스 없이는 설득 자체가 불가능하다는 사실을 알아야 한다. 우리가 누군가와 대화할 때 '도대체 무슨 말을 하려고 하는 거지?'라고 생각했던 적이 많을 것이다. 주장을 명확하게 말하지 않고 주저리주저리 근거만 장황하게 늘어놓기 때문에 처음에 호기심을 가지고 경청하던 청중도 길어지는 이야기에 딴생각을 하게 되는 것이다. '왜 내 이야기를 안 듣지?'라고 원망하지 말고 내 스피치에 문제가 있다는 신호라는 것을 빨리 깨달아야 한다.

설득을 하려면 주장을 먼저 말하고 주장을 뒷받침할 수 있는 근거를 제시해야 한다. 그래야 상대방이 '논리적이다.'라고 느낀다. 또한 감성적인 것과는 대조적으로 이성적인 방법으로 말하며 수치나 통계와 인용구를 넣어 말하는 것으로 화자의 신뢰감을 높일 수 있다. "저는 남들보다 뛰어나게 성실합니다. 초등학교 때부터 고등학교 때까지 한 번도 지각하지 않았으며 숙제를 하지 않은 적도 없습니다. 저에게 약속은 무척 중요합니다." 이렇게 주장+근거로 말하는 것도 좋은 로고스적 스피치라고 할 수 있다.

이처럼 설득의 이론에서도 알 수 있듯이 스피치에서 설득은 1/3 이상을 차지한다고 해도 과언이 아니다.

- 에토스: 태도, 자신감, 호감도, 목소리 (60%)
- 파토스: 감성, 유머, 경험 (30%)
- 로고스: 수치, 기사. 통계 (10%)

대화를 나눌 때 너무 이성적 내용에 편중되는 사람과 너무 감성적인 호소만 하는 사람들이 있다. 이 두 가지를 잘 조합해서 말하면 정말 이상적인 스피치가 될 수 있다. 어떤 사람은 말을 할 때 너무 설명만 하려고 하다 보니 지루하고 감흥이 없고 청자가 그의 말에 설득되지 않는다. 설명이란 알기 쉽게 풀이하거나 자세하게 해명해 주는 기술 양식이다. 설명을 잘할 수 있으려면 잘 알아야 한다. 설득을 잘하는 사람이 설명도 잘하는 편이다. 말을 잘하는 사람이 글을 잘 쓰고 글을 잘 쓰는 사람이 말을 잘하는 것과 일맥상통한다.

"친구와 김치찌개 집에 들어갔습니다. 김치가 땅속에서 2년 정도 저장되어 숙성된 묵은지라서 깊은 맛이 날 수 있다고 합니다. 김칫독을 짚으로 싸서 묻어 온도의 변화를 방지해서 맛이 좋다고 합니다.(설명) 저는 김치찌개에 파김치가 나오는 집을 좋아하는데 여기가 딱! 제가 찾는 맛집이었습니다. 요즘에 코로나19로 스트레스 지수 엄청 높잖아요. 말해 뭐 해요.(웃음) 김치를 손으로 쫙쫙 찢어서 하얀 쌀밥에 올려 한입 넣으면 끝장나지요!(설득)"

이렇게 설명과 설득을 함께 살려 주는 것이다.

우리가 맨투맨이나 퍼블릭 스피치를 할 때도 때로는 로고스에 해당하는 구체적인 수치나 통계를 이용해 말해야 한다. 예를 들면 "웃으면 건강하고 오래 산다고 합니다." 보다는 "미국의 볼 메모리얼 병원에서 환자를 조사했는데 하루 15초씩 웃으면 수명이 이틀 더 연장된다고 밝혀졌대요. 웃음은 병균을 막는 항체인 인터페론 감마의 분비를 증가시켜 바이러스에 대한 저항력을 키워 주고, 웃으면 통증을 진정시키는 엔도르핀 호르몬이 분비되기 때문이래요." 이렇게 말하면 사람들은 후자의 말이 더 정확하게 들려서 설득되는 것이다.

추가적인 예로 아이가 식사 후 공부를 하겠다고 방으로 들어갔다고 하자. 아이는 공부를 하기 위해 책상을 정리하고 물까지 갖다 놓고 연필을 깎고 있다. 공부한 지 5분 만에 허리가 아프다고 나온다. 이때 엄마는 "그럼 그렇지 무슨 공부야. 어서 방으로 들어가지 못해?"라면서 아이의 인격을 깎아내리며 거칠게 몰아세운다. 이때 엄마의 말을 들은 아이는 어떤 반응을 보일까? 당연히 아이는 이미 심이 상했다. 감정에 상처가 단단히 나 있다. 그렇다면 어떻게 말하는 것이 아이를 설득시키는 것일까? "네가 방으로 들어간 시간이 5시 30분이었어. 5시 35분에 물을 가지러 나왔고 5시 40분에 다시 책상 정리를 해야 한다고 들어갔어. 그리고 10분 후 허리가 아프다고 나왔단다. 네가 공부한 시간은 총 15분밖에 되지 않아." 어떤가? "아이가 엄마는 시간을 재고 감시를 했다면서 기분 나빠 할 거라 생각하는데?" 그렇게 생각할 수도 있다. 하지만 아이를 코너로 몰아세우는 말투는 아니며 사실을 가지고 얘기한 것이기 때문에 전 상황보다는 다시 공부하라는 메시지를 주기에는 훨씬 힘이 실릴 것이다.

"우리 마케팅 부서가 내년에는 어떻게 될 것 같아?"라는 질문에 "잘

될 거예요."라고 말하는 것보다는 "작년에는 코로나19로 수출에 어려움이 있었으나 올해 신상품이 개발되어 작년 대비 20%의 성장률을 기록할 것으로 예측합니다. 그러니 힘을 내 보아요!"라고 구체적으로 말하는 것이다.

💬 설득 화법 실전 훈련

💬 상대방의 이름을 부르며 질문하기

"어제 뭐 했어?"보다 "은정아 어제 날씨 참 좋았는데 뭐 했어?"가 훨씬 듣기 좋고 "참 병원은 다녀왔어요?"보다는 "미선씨 어제 두통 심해서 병원 다녀온다고 들은 것 같은데 병원에서는 뭐라고 해요? 별일 없죠?" 이렇게 이름을 부르며 대화를 이어나가는 사람에게 훨씬 더 호감이 간다. 사람은 자신의 이름을 기억해 주고 불러 주는 상대에게 더 끌리는 법이다. 20년 넘게 산 부부가 있었는데 남편이 시장에서 아내에게 "야~" 이렇게 부르는 것을 보고 "아내는 참 존중받지 못하고 사는구나."라는 생각이 들었다. 애칭은 부르지 못할망정 손아랫사람 부르듯이 하는 건 너무한 게 아닌가 싶다.

💬 쇼핑호스트 기법을 통해 설득 화법 배우기

설득을 잘하는 사람은 쇼핑플래너, 즉 쇼핑호스트이다. 쇼핑호스트는 상대방이 생각하지 못했던 것까지 짚어 내는 스피치를 한다. 단순히 "이것은 좋은 물건입니다." 라고 말하면 사람들은 절대 설득당하지 않는다. 쇼핑호스트는 말을 할 때 Advantage(장점), Benefit(혜택, 이득)을 넣어서 제품을 소개한다. 쇼핑호스트가 그들만의 화법으로 말할 때 나도 모르게 지갑을 열고 있고 카드 번호를 누르게 되는 것이다.

❖ 형광펜

① Advantage(장점)

이 형광펜의 장점은 바디가 길어서 잡기에 편리하다는 것입니다. 그립감이 참 좋아요. 그리고 뚜껑을 열어 놓고 나갔다 와도 마르지 않고 몇 번 이렇게 쓱쓱 칠하면 원래대로 나온다는 장점이 있습니다.

② Benefit(혜택, 이득)

굉장히 부드럽게 잘 칠해지기 때문에 우리 학생들 공부할 때 밑줄 쏵! 치면 선명하게 보이기 때문에 성적이 쑥쑥 올라가겠죠?

❖ 핸드폰

① Advantage(장점)

빠른 인터넷 속도로 게임을 할 수 있고 요즘같이 차가 막히는 시간엔 휴대폰 안에 내장되어 있는 네비가 정말 효자랍니다.

② Benefit(혜택, 이득)

네비 업데이트도 실시간이라 최대한 빨리 갈 수 있도록 길 안내를 해 주어 10분 이상은 빨리 도착할 수 있답니다. 그리고 주식도 빨리 빨리 볼 수 있어 최고지요.

다음의 제시어에 내용 작성해 보기

❖ 거울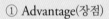

 ① Advantage(장점)

② Benefit(혜택, 이득)

마지막으로 주변 사람에게 내 물건을 파는 훈련을 해 보는 것이다. 내 주변에 어떤 물건을 팔 것인지 찾아봐야 한다. 무엇이 있는가? 허접하고 버릴 것을 판다면 어느 누가 사려고 할까? 내가 봐도 정말 괜찮은 것을 주변인에게 지금 바로 물건의 장점과 이득을 넣어서 팔아 보는 것이다. 어떤 사람이 생각나는가? 몇 명이 떠오르나? 3명에게 시도해서 3명 다 내 물건을 사게 하는 데 실패했다면 당신은 다시 스피치 내용을 점검하고 카메라 앞에 서서 촬영해 봐야 할 것이다. 그리고 내 문제가 무엇인지도 반드시 짚고 넘어가야 한다. 적극성이 결여되어 있는지, 논리성이 떨어지는 것인지, 아니면 보이스가 확실성을 잃게 만든 것은 아닌지, 말장난처럼 보였거나 팔려고 하는 의욕 자체가 없었던 것은 아닌지 살피고 또 살피고 점검해야 스피치를 잘할 수 있게 될 것이다.

상대방의 마음을 얻고 싶은가? 생각보다 쉽지 않다. 두서없이, 문장의 구조 없이, 전체적인 맥락도 없이, 전략 없이 헤매는 스피치를 과감하게 떨쳐 버리고 싶다면 지금 바로 A(Advantage), B(Benefit) 화법을 적용해 보기 바란다.

* PART 4 *

스토리텔링
&
개요서 작성의
습관

스토리텔링

스토리텔링Storytelling이란 '이야기하기'이다. 다시 말해 말하는 사람이 듣는 사람에게 이야기를 전달하는 것이다. 최근에는 쓰임에 따라 듣는 사람의 이야기에 참여하는 것을 포함하기도 한다. 스토리텔링을 하기 위해 가장 많이 등장하는 용어가 대표적으로 '에피소드Episode'이다. '에피소드'는 '이야기 재료', 즉 이야기의 작은 단위를 말한다. 스토리텔링을 잘하는 사람은 에피소드가 인격적이고, 말 안에 정보도 알차고 싱싱하고, 긍정성이 많아 호감으로 보인다.

대학교 동기 모임에서 한 명이 이런 질문을 했다. "천국에 갈 때 가지고 가고 싶은 것은?" 모두가 "뭘 가지고 가, 가져갈 수나 있어?" 하면서 웃어넘겼다. 이때 한 명이 "난 꽃다발 가져가고 싶어. 암으로 고생만 하다가 먼저 하늘에 가 계신 엄마! 엄마가 좋아하는 라일락 한가득 안겨 드리고 싶어!"라고 말했다. 그 말은 들은 우리는 숙연해지면서 그 친구가 엄마에 대한 마음이 각별하다는 것을 알았다. 동기에 대해 개인적으로 알 기회가 없었는데 모임을 통해 정보를 얻고 자신의 스토리를 말하는 그 친구의 이미지가 급상승한 적이 있다.

모두가 호감 있게 말하는 것은 아니다. 반대인 사람은 실감 나게 말하기보다는 오히려 말을 안 하니만 못하게 하고 비호감으로 전락할 가능성이 크다. 우리 주변엔 비호감 인물이 의외로 많다. '혹시 난 아니겠지?' 하겠지만 내가 이런 유형에 속하지는 않는지 반성해 볼 필요가 있다. 가령 가족 중 한 사람이 좋은 성적을 받았거나 높은 실적을 냈을 때, 또는 원하는 곳에 취업이 돼서 다들 축하해 주는데 정작 아버지가 "아이고 굼벵이도 구르는 재주가 있다더니 너도 잘하는 게 있네." 이렇게 말하면 이것은 칭찬인지 욕인지 헷갈리고, 듣고도 기분 나쁜 스피치이다. 이렇게 칭찬을 하려면 아예 하지 않는 것이 나을 수도 있다. 다른 예로 엄마가 바쁘게 음식을 만드는데 아들을 불러 슈퍼에 다녀오라고 심부름을 시키려고 한다고 하자. 마침 아들이 보이지 않는 상황이었다. 시간이 지나 엄마가 아들에게 이렇게 말한다. "개똥도 약에 쓰려면 없다더니 네가 딱 그 짝이다." 이렇게 말하면 개똥에 비교되는 아들은 무슨 잘못이란 말인가! 그렇기 때문에 우리는 긍정적인 에피소드를 모아서 하나의 스토리텔링으로 만드는 작업을 먼저 생각해 봐야 한다.

강의나 강연을 할 때 또는 앞에 나가 말할 때 청중의 집중력을 향상시킬 수 있는 것이 바로 스토리텔링 기법이다. 왜 사람들은 스토리텔링 잘하는 사람을 좋아할까? 스토리텔링 안에는 공감이 있고 정보가 있고 재미가 있기 때문이다. 다시 말해 '생생하게 말하기(흥미성)' 때문이라고 할 수 있다.

아이들에게 스토리텔링 스피치를 가르치다 보면 아이들의 EQ_{Emotional}

Intelligence, 즉 감성 지수가 향상되는 것을 경험하게 된다. 감정을 적절히 조절하게 되고 원만한 관계를 구축할 수 있게 다듬어 가는 모습을 보면서 스피치 훈련의 위대함에 매번 놀라게 된다. 이렇게 '마음의 지능 지수' 향상을 위한 문제 해결 능력을 키우는 데에 스토리텔링이 많은 도움이 된다.

그렇다면 왜 스토리텔링 스피치를 배워야 할까? 반복적으로 말하지만, 스피치의 기본 목표는 대인 관계의 원만성과 커뮤니케이션, 즉 원활한 소통이라고 할 수 있다. 그래서 다양한 문제 해결을 위한 상황을 제시하고 훈련하는 것이 반드시 필요하다. 동료와 친구와 문제에 맞닥뜨렸을 때 혼자서 끙끙 앓는 사람들이 주변에 의외로 많이 있다. 혼자서 고민하기보다는 화법을 배워 그들의 스피치 안에 내 스피치를 녹여낼 수 있는 사람으로 바뀌길 기대한다.

🗨️2 제시어를 통한 스토리텔링 훈련

💬 빈 화분의 용도

여기 사용하지 않는 빈 화분이 있다. 화분에 꽃이나 식물을 담는 용도가 아닌 다른 용도로 어떻게 사용할 수 있는지 3분 안에 10가지를 작성해 본다.

1)

2)

_____

3)

_____

4)

_____

5)

_____

6)

_____

7)

_____

8)

_____

9)

_____

10)

_____

3분 안에 10개를 다 작성했다면 당신은 말할 수 있는 에피소드를 많이 모았다는 뜻이다. 이게 뭐라고 고민하고 펜만 돌리는 사람들이 분명 있을 것이다. 우리는 여기서 에피소드를 쉽게 내는 사람과 고민하면서 아무 에피소드도 쓰지 못하는 사람, 두 가지 종류의 사람을 만나게 된다. 누군가에게 검사라도 맡듯이 정말 많이 고민하고 이 단어가

맞나 안 맞나 고민 중이라면 당신은 자유로운 스피치를 할 수 없다. 빈 화분을 어떻게 쓸 것인가? "그냥 버릴 것이다."라는 말만 나오지 않으면 된다.

예를 들어 "단수를 대비해 물을 담아 놓겠다.", "안 쓰는 물건을 담아 놓겠다.", "뒤집어서 예쁜 천을 덮은 후 액세서리를 올려놓겠다.", "밟고 올라가겠다.", "어항으로 쓰겠다.", "과자를 담아 놓겠다.", "신문지에 돈을 담아 돌돌 말아서 뒤집어 놓겠다." 등의 아이디어가 나와야 스피치를 부담 없이 할 수 있다. 만약 "밟고 올라가겠다."라는 말에 "밟고 올라가면 깨질 텐데 그게 답이 되냐?"라고 질문하고 이렇게 생각하면 그는 정말 입조차도 열지 못할 가능성이 크다.

위의 화분 용도 예시 아이디어를 보고 5개의 스토리텔링을 해 보도록 하겠다.

"저의 집에는 5개 정도의 빈 화분이 있습니다. 나중에 사용할 수 있을 것 같아 버리지도 못하고 애물단지로 놔두고 있는데요, 5개의 다른 화분을 저는 이렇게 사용하도록 하겠습니다.

첫째 화분은 가장 큰 화분으로 아파트 물탱크 청소할 때 단수가 되면 마땅히 물 받아 놓을 데도 없는데 물탱크를 청소한다고 하면 단수에 대비해 물을 담아 놓도록 하겠습니다.

둘째 화분은 넓어서 활용도가 높을 것 같아 작은 방을 쓰는 우리 딸아이 애착 인형을 담아 놓도록 하겠습니다. 아이도 참 좋아할 것 같습니다.

셋째 화분은 반짝반짝한 모양이라 정말 화분이 예쁩니다. 화분을 뒤집어 그 위에 액세서리 보관함을 올려놓겠습니다. 화장대가 더 빛나 보일 것 같습니다.(미소)

넷째 화분은 지금 보니 높이가 30cm 이상이고 너비도 적당해서 남편이 없을 때 높은 곳의 물건을 꺼낼 때 사용해 보도록 하겠습니다. 제 몸무게를 버티지 못한다면 우리의 인연은 여기까지라 생각합니다.(수줍은 미소)

마지막 다섯째 화분은 둘째 아들이 좋아하는 금붕어를 사다 풀어 놓으면 활기차게 돌아다닐 것 같습니다. 이상으로 마치겠습니다. 감사합니다."

이렇게 키워드, 즉 뼈대만 세운 아이디어에 살을 붙이니 생각 스토리텔링이 완성되었다. 처음부터 너무 어려운 주제를 골라 말하는 것보다 이렇게 쉬운 것부터 시작해 보기 바란다. '화분 용도 스피치'를 마쳤다면 다음 '옛이야기 스토리텔링'에 도전해 보도록 하겠다.

🗨 옛이야기로 스토리텔링 능력 기르기

❖ 동화 예시: 해와 달이 된 오누이 ·······························

해설자

옛날 옛날에 어머니와 어린 오누이가 오순도순 살았어요. 어느 날 어머니가 일을 하러 나가면서 오누이에게 이렇게 말했어요.

엄마

애들아 문 잘 잠그고 있어야 한다.
아무나 문을 열어 주면 안 된다. 알았지?

해설자

해 질 무렵, 어머니는 품삯으로 받은 찰떡을 광주리에 이고 고개를 넘고 있었죠. 그런데 첫 번째 고개를 넘자마자 호랑이가 떡하니 있는 게 아니겠어요?

어흥, 떡 하나 주면 안 잡아먹지.

호랑이

해설자

어머니는 어쩔 수 없이 떡 하나를 주었지요. 호랑이는 냉큼 떡을 받아먹고 가 버렸어요. 둘째 고개를 넘자 호랑이가 또 나타났어요.

어흥, 떡 하나 주면 안 잡아먹지.

호랑이

해설자

호랑이가 고개를 넘을 때마다 나타나서 떡을 날름 받아먹어서 이제 어머니 광주리에는 떡이 없었어요. 호랑이는 더 이상 떡이 없는 것을 알고 어머니를 삼켜 먹어 버렸어요. 그리고는 어머니 치마를 입고 어머니 수건을 쓰고 오누이가 있는 집으로 갔어요.

애들아, 엄마가 왔다. 문을 열어라.

호랑이

오누이는 우리 엄마 목소리가 아니라며 문고리를 꼭 붙잡고 열어 주지 않았어요.

에취, 바람을 맞았더니 감기에 걸려서 그렇단다.

 그럼, 문구멍으로 손을 내밀어 봐요.

 그러자 호랑이가 털이 복슬복슬한 손을 쏙 내밀었어요.

이건 우리 엄마 손이 아니에요.
우리 엄마 손은 하얗고 부드럽단 말이에요.

 오누이가 속지 않자 호랑이는 부엌으로 가서 밀가루를 찾아 손과 발에 발랐어요. 호랑이가 투덜대는데 오누이가 문구멍 으로 슬며시 밖을 보니 치맛자락 사이로 기다란 호랑이 꼬리 가 삐죽 나와 있는 게 아니겠어요.

오빠 저건 호랑이 꼬리 아니야? 이젠 우리 어떡하지?

 겁이 난 오누이는 도망치려고 꾀를 냈어요.

 아이고 배야. 엄마 나 똥 마려워요.

뒷간에다 냉큼 누고 오렴.
호랑이

해설자
오누이는 뒷간에 가는 척하고 방에서 나와 우물가 옆 큰 나무 위로 올라갔어요. 오누이가 돌아오지 않아서 호랑이가 밖에 나가 봤더니 우물 안에 오누이가 비쳤어요.

애들아 추운데 빨리 나오렴?
호랑이

오빠
히히히, 바보! 우리가 우물물에 있는 것처럼 보이니?

해설자
호랑이가 고개를 드니 나무 위에 오누이가 앉아 있었어요.

애들아 거기엔 어떻게 올라갔니?
호랑이

오빠
손바닥에 참기름을 듬~~뿍 바르고 올라왔지.

해설자
호랑이는 참기름을 바르고 와 나무에 오르기 시작했어요. 하지만 쭈르르 쿵! 엉덩방아만 찧었어요.

하하하, 바보! 도끼로 나무를 찍으면서 올라오면 되는데…
동생

옳지! 도끼가 있었구나.
너희들은 이제 독 안에 든 쥐다 <u>으흐흐흐흐</u>.
호랑이

그리고는 도끼를 가져다가 나무를 쾅쾅 찍으면서 성큼 올라오기 시작했어요. 겁에 질린 오누이는 두 손을 모으고 하늘에 빌었어요.

하나님, 저희들을 살려 주세요.
튼튼한 동아줄을 내려 주세요.

그러자 정말 하늘에서 동아줄이 내려왔어요. 오누이는 동아줄을 꽉 잡고 하늘로 올라갔어요.

하나님, 저에게도 튼튼한 동아줄 좀 내려 주세요.

그러자 하늘에서 또 동아줄이 스르르 내려왔어요. 호랑이도 동아줄을 잡고 하늘로 따라 올라갔죠.

으흐흐흐, 이놈들 잡아먹고 말 테다.

호랑이도 낑낑 올라가는데 동아줄이 툭! 하고 끊어졌어요.

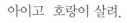아이고 호랑이 살려.

호랑이가 잡고 올라가던 동아줄은 바로 썩은 동아줄이었던 거예요. 그래서 호랑이는 수수밭에 쿵 떨어져 죽고 말았어요. 그때 호랑이 피가 묻어 지금도 수숫대가 빨간 거래요.

〈 TIP 〉

어렸을 때 누구나 들었을 법한 옛이야기를 상상하여 원고를 실감 나게 구연하듯 들려준다. 이때, 오누이와 엄마의 목소리, 호랑이의 목소리가 구별되게 연습해 본다.

1) 이야기를 들려준 사람이 청중(이야기를 들은 사람)에게 질문하기

　① 줄거리를 생각나는 대로 말해 주세요.

　② 오누이는 어떻게 위기를 모면했을까요?

　③ 내가 오누이라면 어떻게 행동했을 것 같아요?

　④ 내가 호랑이라면 도끼 말고 어떻게 나무 위로 올라갔을 것 같아요?

2) 옛이야기를 통해 느낀 점 나누기

　① 우리도 살아가다 보면 위기를 겪게 됩니다. 나는 어떠한 방법으로 위기를 해결하려고 했을까요?

　② 상대방에게 내 감정을 말할 때는 어떻게 해야 할까요?

　③ 내 스피치에는 어떤 기류가 흐를까요?(시무룩하고 부정적인지, 긍정적이고 부드러운지 검토)

　📢 2)-②에서 내 감정에 대해 말할 때 여러 가지 스토리가 나올 수 있다. 이때 말하는 사람이 대화의 완성도를 높일 수 있게 두괄식(주장+근거)으로 말할 수 있도록 유도해 준다.

　또한 감정을 나눌 때는 I-Message를 사용할 수 있도록 도움을 주면 스피치 내용의 전달력이 높아진다.

I-Message (나 전달법)

I-Message(나 전달법)는 나의 감정을 있는 그대로 표현하여 상대방의 마음을 움직이는 방법이다.

첫째, 비난 없이 행동을 서술한다. 예를 들어 "네가 이런 행동을 하니까(네가 바빠서 나에게 시간을 안 내 주니까) 내가 속이 상해.", "갑자기 화를 내니까 내가 어떻게 행동해야 할지 모르겠어."

둘째, 나와의 관계성, 감정을 얘기한다. 예를 들어 "내가 커피숍에서 들어올 때 짜증 내듯이 '대통령보다 보기 힘드네. 요즘 잘나가나 봐.'라고 말해서 당황스러웠어. 내가 보고 싶어서 그런 거지?"라고 말하는 것이다.

핵심은 상대방을 비난하는 게 아니다. 우리가 말할 때 이 원칙만 잘 지켜도 대화의 어려움은 없을 것이다.

그렇다면 반대의 결과를 가져다주는 You-Message(너 전달법)는 어떤 화법일까? 바로 막 상대방을 공격하는 화법이다. 예를 들어 공부하지 않는 아이에게 "넌 하루 종일 핸드폰만 들여다보고 뭐 하는 거니? 숙제 다 했어? 정신 차리고 공부 안 해?"라고 하거나, 배우자에게 "당신은 매일 양말 좀 뒤집어 놓지 말라고 10년째 말하는데 왜 코로도 안 들어 먹어?"라고 말하는 등 행동을 비난하는 화법이다. 이럴 땐 어떻게 I-Message(나 전달법)로 바꿀 수 있을까?

"네가 핸드폰만 보고 있으니 엄마는 걱정이 되는구나. 숙제를 미리 해 놓고 핸드폰을 보는 게 어떠니?"

"양말을 뒤집어 놓으니 내가 일이 많아지네요, 부탁할게요."

이렇게 날마다 날마다 우리는 도를 닦는 중생의 심정을 맛봐야 한다. 그런데 우리는 왜 You-Message 화법을 사용할까? 나의 화는 상대방에 의해서 생기는 감정이라고 생각하기 때문이다. 하지만 화의 근본은 자신에게 있다고 생각한다. 내 마음을 화로 채웠기 때문이다. 우리는 "상대방이 나를 화나게 했다."라고 말하지만 사실 내 마음의 그릇이 상대방의 잘못된 행동을 품어낼 만큼 크지 않아 화가 난다고 생각한다.

➲ 뼈대 만들기

스토리텔링을 할 때 말을 시작함과 동시에 머릿속에 떠오르는 것이 '서론은 어떻게 이끌고 나가야 할까?'의 고민이다. 그래서 서론과 본론 결론의 역할을 다 알아야 한다. 이것은 스피치를 처음 시작하는 사람에게는 도전하기 힘든 난관이다. 발표할 때는 서론 본론 결론의 역할을 모르면 난감하다. 이 역할을 이해하고 적용할 수 있다면 일반 스피치를 할 때 좀 더 쉽게 뼈대를 만들 수 있다는 장점이 있다.

스피치를 시작할 때 서론에 '내가 말하려는 핵심', '주장에 대한 이유', '주장을 뒷받침하는 예시'를 넣어 주면 된다.

Point(주장, 주제, 핵심)

Reason(까닭, 이유)

Story(이야기, 예시)

❖ 상황 ① ┈┈┈┈┈┈┈┈┈┈┈┈┈┈┈┈┈┈┈┈┈┈┈┈┈┈┈┈┈┈┈┈┈┈┈┈

• 머리에 키워드 떠올리기

  주제: 스피치

  이유: 논리성, 발표불안.

  이야기, 예시: 주저리 말하기, 눈 깜박거림, 심장 박동 빨라짐.

• 말하기 도전

  주장 "스피치는 꼭 배워야 합니다."

  이유 "왜냐하면 주저리 아무 말 대잔치였던 제가 논리적으로 말하는 훈련을 하고 난 이후로 눈 깜박거림과 심장 박동이 빨라지는 현상이 없어졌습니다. 아무래도 머릿속에 말할 내용이 생각이 나서 그랬던 것 같습니다."

예시 "예를 들어 회사에서 결재받을 보고서를 들고 사장님께 갈 때 방망이로 가슴을 치는 것 같은 불안이 심했는데 말할 내용을 충분히 연습하고 기억하고 들어가니 두려움이 확실히 줄었습니다."

❖ **상황 ②**

PRS는 면접을 준비할 때도 필요한 규칙이다.

유치원 교사 면접을 보러 온 A 교사가 있다. 원장님이 이렇게 질문한다.

"선생님은 원 생활에 적응하지 못해 어려움을 겪는 아이들이 있다면 적극적으로 개입하는 교사가 되겠습니까, 아니면 기다려 주는 교사가 되겠습니까?"

이런 질문은 둘 중 하나를 선택하여 답해야 하기 때문에 힘든 답변이다. 가장 최악의 답안은 둘 다 좋다는 답변이다. 왜냐하면 주장에 선생님의 정확한 생각이 없기 때문이다. 모범 답안은 이렇게 말하는 것이다.

주장 "저는 기다려 주는 교사가 되겠습니다."
이유 "왜냐하면 유아는 유치원의 주체라고 생각하기 때문입니다."

예시 "저는 아이들이 영역별로 다양한 놀이에 참여할 수 있도록 안내한 후에 개인별 발달 상황에 맞추어 기다려 주고 아이들에게 흥미를 일으켜 줄 수 있도록 노력하겠습니다. 지시하는 교사가 아닌 교육의 촉진자 역할을 하여 아이들이 주체적으로 성장할 수 있도록 돕는 교사가 되겠습니다. 아이가 지금 당장 변화하지 않더라도 이를 기다려 줄 수 있는 교사가 되겠습니다."

적극적으로 개입하는 교사가 되겠다는 의지를 말하려면 이 같은 주장, 이유, 스토리(예시) 단계를 거쳐 내 의사를 밝히는 것이 중요하다. 이렇게 다양한 주제를 정해서 5번, 10번 연습하면 확실히 스피치에 대해 두려움을 가지기보다는 빨리 발표 날짜가 다가왔으면 좋겠다는 생각이 들 것이다.

💬 명언을 넣어 스토리텔링 하기

"꿈을 품고만 있어서는 안 됩니다.
꿈은 머리로 생각하는 것이 아닙니다.
가슴으로 느끼고 손으로 적고 발로 뛰는 게 꿈입니다."

- 존 고다드John Goddard (탐험가, 인류학자)

임재성 작가의 《명언으로 리드하라》라는 책에 담긴 명언이다. 명언을 읽고 난 후의 느낌은 어떠한가? 잠자던 뇌세포가 꿈틀거리고 명언의 내용에 밑줄을 긋고 사진을 찍고 있지는 않은가? 지금 바로 나의 꿈을 위해 어떻게 살아야 할까? 어떻게 하면 계획을 실행에 옮길지 고민하고 있지는 않은가? 아무 감흥이 없는가? "말이 쉽지!"라고 합리화하지는 않는가?

명언은 우리의 환경을 바꾸어 주는 역할을 하는 촉매제로, 우리는 좋은 글을 보면 생각하게 되고 결국 우리의 행동까지 변화시킨다. 명언은 선물이다. 나는 명언을 자주 활용하는 편이다. 수업이 끝날 때 즈음 "이런 명언이 있습니다."라고 소개하고 마무리를 한다. 학습자들은 "진짜 선생님 명언처럼 어쩜 그렇게 확신에 차 말씀하세요?"라고 많이 질문한다. 그런 질문을 받을 때 나는 이렇게 말한다. "가짜가 아닌 진짜로 믿으니까요."

명언을 넣어서 스토리텔링 하는 것이 낯설고 간지럽기도 하다. 그러나 명언을 넣어 말하면 명언을 말한 사람의 인격을 잠깐 빌려 오는 것 같아서 참 기분이 좋다. 그런데 이때 명언을 말하는 사람이 평소 인간관계가 좋지 못하다면 상대방은 "너나 잘하세요."라고 말하며 명언이 빛을 발휘하지 못할 가능성이 크다. 명언을 말만 하고 마는 게 아니라 스스로 그런 명언을 말한 사람처럼 살기 위해 노력하고, 인간관계도 잘 돌볼 때 명언이 더 빛날 수 있다. 인터넷이나 명언 책을 이용해 지금 내 심금을 울리는 명언을 찾고 인용해서 스피치에 도전해 보기 바란다. 남보다 한발 빠르게 성장하고 있는 자신을 발견할 수 있을 것이다.

다음은 자기 계발 모임에서 명언을 활용한 자기소개 스피치이다. 키워드를 생각하여 나의 스피치에 뼈대를 만들어 활용해 보도록 하겠다.

〔기본 뼈대〕

> **키워드** "기회는 준비된 사람만이 가질 수 있다."

여러분 반갑습니다. 저는 ○○기업에 근무하는 ○○○입니다. 오늘이 바로 입춘입니다. 한해의 첫 시작을 알리는 절기에 맞춰 우리의 자기계발 교육 ○○○도 시작하게 되었네요. 아직은 봄이라고 하기엔 쌀쌀함이 있지만 이렇게 봄을 생각하니 새해 초에 세웠던 계획들이 다시 떠올랐는데요, 그중 하나가 바로 '스피치 교육'이었습니다.

이렇게 교육을 들으러 오면서 엘리베이터에서 "스피치 한다고 될까?", "괜히 시간만 낭비하는 거 아닌가?" 이렇게 생각했었는데 직급이 올라가 더 이상 앞에 나와서 말하는 시간을 피할 수 없어서 이렇게 스피치 특강에 오게 되었습니다.

"기회는 준비된 사람만이 가질 수 있다."라는 말이 있죠. 지금의 고통이 노력으로 승화되고 스피치를 열심히 익혀서 우리에게도 기회가 왔을 때 꽉 잡았으면 좋겠습니다. 여러분도 오늘 수업을 통해 많은 변화가 생기길 바랍니다. 고맙습니다.

〔기본 뼈대 활용해 응용〕

키워드 "기회는 준비된 사람만이 가질 수 있다."

여러분 안녕하세요. 반갑습니다. 저는 시청에서 시민의 민원을 담당하는 ○○○입니다. 오늘이 '경칩'입니다. 얼었던 대동강물도 풀린다는 절기로 이제 정말 완연한 봄을 느낄 수 있게 되었습니다. 봄이 되면 새로운 무언가를 배워야 하지 않을까 싶어 이렇게 스피치 교육에 등록했습니다. 작심삼일이 되지 않도록 서로서로 도와가면서 교육을 수료할 수 있기를 기대해 봅니다.

"기회는 준비된 사람만이 가질 수 있다."라는 말이 있죠. 제 목표는 사람들 앞에서 떨지 않고 소신 있게 말하기입니다. 무대에서 자유로워질 그날을 위해 여러분들이 저에게 동기 부여제가 돼 주셨으면 좋겠습니다. 저도 여러분의 스피치 능력 향상의 기폭제 역할을 해 드리겠습니다. 우리의 시작은 미약하지만 나중은 창대할 수 있기를 바라며 파이팅입니다. 감사합니다.

스토리텔링 트레이닝: 다음의 상황에 맞춰 스피치를 완성하시오.

예 나는 자기 계발 온라인 독서 모임에 초대를 받았다. 모임 회장이 나를 적극적으로 추천했다. 이때 회장이 나에게 자기소개를 시켰다.

키워드 "열정은 기적을 낳는다."

결과적으로 스토리텔링이란 내 이야기를 만들어 내는 것이기도 하지만 자신이 처한 상황을 어떻게 해결할 것인지 창의력 있게 말하는 과정이기도 하다. 자신만의 방법으로 어떻게 문제를 풀 수 있을지 늘 고민해 능력을 펼쳐 가야 한다.

사람들과 만나서 이런저런 이야기를 할 때 나는 상대방의 가치관이나 성격을 대충은 파악한다. 메시지에서 흘러나오는 기운을 느낀다. 이 기운은 인격에서 찾게 된다. 말에는 그 사람의 인격이 들어 있다. 가치관이 존경스러운 사람은 말도 존경스럽게 한다. 대표적인 인물이 오드리 헵번Audrey Hepburn이다 오드리 헵번은 정말 여성으로서 존경스럽고 완벽한 여자가 아닐까 하는 생각이 든다. 그녀는 어릴 적 아주 가난하게 살았는데 아사 직전에 유니세프의 구호 빵 한 덩이로 겨우 목숨을 건지고 살아나 세계적인 배우가 되었다. 그녀는 나이가 들어서도 유니세프 친선 대사로 활동하며 하나님이 주신 은혜로 굶주린 아이들을 살리는 데 혼신의 힘을 쏟았다. 오드리 헵번은 죽기 전에 아들에게 좋아하던 시를 들려줬는데, 그 시를 읽으면 그녀가 평소 가지고 있던 마음씨에 정말 감탄하지 않을 수 없다.

시간이 일러 주는 아름다움의 비결Time Tested Beauty Tips

- 샘 레벤슨Sam Levenson

아름다운 입술을 갖고 싶으면 친절하게 말하라.
사랑스런 눈을 갖고 싶으면 사람들에게서 좋은 점을 보라.
날씬한 몸매를 갖고 싶으면 너의 음식을 배고픈 사람과 나누어라.
…

기억하렴, 만약 누군가 도움의 손길을 필요로 한다면
너의 팔 끝에 있는 손을 이용하면 된단다.
한 손은 너 자신을 돕는 손이고,
다른 한 손은 다른 사람을 돕는 손이란다.

가치관에 따라 우리의 스피치는 달라진다. 즉 '무엇을 중요하게 여기는가!'가 중요하다. 아름다운 가치관을 가져야 타인과 의견을 나눌 수 있는 힘이 생긴다. 상대는 말만 번지르르한 사람보다는 내가 손해 보고 억울해도 한 번 더 참는 사람의 모습을 보면서 존경심을 갖게 된다. 이것은 가치관의 영향이라고 생각한다. 그러니 스피치를 잘하고 싶다면 상대방이 내가 하는 말을 들으면서 오해를 하지 않도록 신경 써야 하며 타인의 말을 잘 들어야 하고 항상 나 자신을 가꾸어야 한다. 가끔 관계의 불편함을 겪고 있는 사람들에게 "상대방을 위해 조언을 했는데 되레 역정을 내서 난감하다."라는 말을 들을 때가 있다. 조언을 듣는 상대가 역정을 냈다면 그의 그릇이 그것밖에 안 되는 것이다. 상처받지 말자.

성경 구절에 이런 말이 있다. "한마디 말로 총명한 자에게 충고하는 것이 매 백 대로 미련한 자를 때리는 것보다 더욱 깊이 박히느니라." (잠언 17장 10절) 충고나 책망이나 조언을 함부로 하지 말라는 뜻이다. 자기 스스로 지혜가 있다고 생각하는 사람에게는 이런 생각해 주는 말이 때로는 반발심을 일으킬 수 있다. 때로는 내 의도대로 안 되는 스피치도 있음을 인정하자. 시간이 지나면 내 사람은 반드시 남게 되어 있다. 스피치, 정말 어렵다.

스피치 원고 및 개요서 작성의 습관

성형외과에 가서 대기하고 있는 여자들을 보면 하나같이 다 예쁘다. '저 여자는 어디가 맘에 들지 않을까? 저 여자는 왜 온 거야?' 생각하다가 정말 궁금해서 물어봤더니 콧대가 맘에 들지 않고 피부가 칙칙해서 왔고, 눈매를 좀 더 선명하게 하고 싶어서 왔다는 말을 들었다. 보통 사람이 봤을 땐 완벽해 보이지만 당사자들에겐 절실히 고치고 싶은 욕구가 있다는 것을 알았다.

스피치 영역도 마찬가지가 아닐까 하는 생각이 든다. "도대체 스피치를 왜 배워? 그냥 대충 하는 거 아니야? 말도 잘하는데 왜 시간, 돈 낭비하러 다녀?", "이 나이에 무슨 부귀영화를 누리려고 스피치를 배웁니까?" 이렇게 말하는 사람을 종종 만나게 된다. 그러나 스피치에 관심을 가지고 배우는 사람들의 공통점을 보면 남들에게 보이지 않는 자신만의 단점을 강점으로 만들고 싶어 하는 사람들이 많다. 정년을 앞에 두고 지금까지 남들 앞에 서서 멋지게 자신의 무대를 펼치지 못해 아쉬워 자신에게 선물하고 싶다고 오시는 분도 꽤 많아지고 있다.

이번에 다루려고 하는 주제는 원고와 개요서 작성에 관한 이야기이다. 간혹 스피치를 할 때 '원고가 있어야 말한다'는 분들이 종종 있다. 물론 아무 준비 없이 그냥 말하는 것보다는 적어서 말하면 실수를 할 확률이 낮다. 그래서 스피치 경험이 없는 사람은 대중 스피치 자리에서는 원고를 써서 보면서 말하는 것도 성의 있게 보인다. 그러나 적어서 보고 말하는 게 습관이 되지는 않아야 한다고 경고한다. 즉 원고의 노예가 되지 말라는 것이다. 가급적 머릿속에 키워드를 넣고 생각하면서 말하기를 권면한다. 왜냐하면 실제 스피치에서는 원고를 읽을 때보다 즉흥적으로 스피치를 더 많이 하기 때문이다. 스피치 원고에 익숙해진 분들은 원고가 없으면 말하기를 꺼린다. 그래서 더 많이 훈련하고 긴장을 하고 무대에 오르기를 권하는 것이다. 쿠키를 만든다고 생각해 보자. 기본적인 재료인 밀가루와 오븐만 있어서는 먹음직스럽고 보암직스러운 쿠키가 완성되지 못한다. 쿠키용 전문 팬, 초콜릿 맛의 믹스, 식용 색소, 동물 모양의 틀, 알록달록한 포장지와 리본 끈이 있다면 쿠키를 만드는 과정이 신날 것이다. 스피치도 마찬가지이다. 말할 재료를 모아서 다듬어야 좋은 스피치 실력을 다질 수 있다.

대체적으로 스피치 개요서를 작성하라고 하면 말을 위한 원고를 써야 하는데 글을 전제로 원고를 작성한다. 그렇다 보니 딱딱하고 재미없고 보고서에나 사용할 법한 말로 글을 완성하는 것이다. 앞에 나가서 해 보라고 하면 정말 가관이다. 얼굴을 원고에 파묻고 중얼중얼 똑같은 어조로 말해서 꼭 초등학교 때 교장 선생님을 연상케 한다. 이런 스피치는 설득과 공감이 없다. 제스처를 요구하면 스피치도 힘든데 몸짓까지 신경을 써야 하느냐며 어떤 분은 "팔을 잘라 버리고 싶다."라는 최악의 표현까지도 쓴다.

우리는 왜 스피치를 할까? "말을 잘해야지!"라고 생각하는 것이 우선이 아니다. '자연스럽게 전달하는 능력'을 길러야 한다. 친구와 수다를 떨 때는 리듬감도 있고 정말 자연스러운데 대중 앞에만 서면 굳어 버린다. 말의 리듬, 크기(하모닉스), 속도, 강약, 제스처 등 어느 하나 간과해서는 안 된다. 노래방 가서 노래 연습을 하면 실력이 늘듯, 스피치를 잘하기 위해 원고를 작성하다 보면 개요서 작성 실력도 월등해질 것이며 말하는 것이 정말 재미있을 것이다. 스피치는 배우고 싶지만 힘들고 부담스러워서 포기하려는 사람을 종종 본다. 포기하지 말고 열심히 하길 바란다.

스피치 원고란 발표를 하기 위해 쓴 글이나 그린 그림 따위를 말한다. 개요서란 원고의 요약분으로 전체적인 'Outline'을 잡아 주는 주요 아이디어와 세부 내용의 골자를 간결하게 적은 대본을 말한다.

초보자는 원고 전체를 다 작성해서 훈련해야 스피치 내용이 머릿속에 떠오르게 된다. 처음부터 개요서만을 작성해서 스피치를 하다 보면 낭패를 당할 가능성이 높다. 물론 리허설을 통해 개요서를 달달달 외우고 많은 훈련을 거듭한다면 예외이다. 스피치 경험이 많은 사람은 무대를 즐길 수 있는 능력이 있기 때문에 개요서만 작성해서 말해도 된다. 개요서만 작성하면 자신의 아이디어를 다양하게 표현할 수도 있다는 장점이 있다. 기본 골자에 살을 붙여서 말하다 보면 하나의 단어를 여러 의미로 표현할 수도 있다.

스피치 원고는 어떻게 써야 할까? 준비하고자 하는 사안에 관한 순서나 계획을 기록하면 된다. 이때 보통 지은이, 서명, 작성 일자, 분류, 분량, 제목, 요약, 내용, 참조 등을 기재한다.

스피치 개요서는 준비하는 대상에 따라 내용이 다를 수도 있는데 일반적으로 작성자의 이름과 서명 그리고 인적 사항이 포함되고 작성일이나 제목 또는 요약, 내용으로 구분하고 각 항목에 대한 정확한 내용을 입력할 수 있도록 한다. 이때 내가 말하려는 목적을 계획이라고 생각하면 된다. 앞으로의 할 일의 안내 정도로 생각하면 쉽게 이해가 간다. 이때 계획을 철저히 하면 이후에 일을 효율적으로 진행할 수 있다는 장점이 있다. 또한 개요서를 작성하면 불필요한 말을 줄이고 삼천포로 빠질 가능성이 적다.

다음의 사항을 유의해서 작성하면 된다.

🔊 원고 및 개요서 작성 연습 방법
- 강조하고 싶은 키워드에 동그라미나 밑줄로 표시한다.(형광펜 이용)
- 키워드를 포스트잇에 따로 메모한다.
- 처음에 원고를 보고 연습했다면 다음엔 키워드만 보고 리허설한다.(눕거나 앉아서 하지 말고 실전과 똑같이 발표 때처럼 옷을 입고 목소리 볼륨을 2배로 크게 말한다.)
- 카메라로 녹화한 것을 보고 잘못된 부분을 체크하고 이 부분 위주로 보완한다.

다음은 이해를 돕기 위한 스피치 개요서 샘플이다.

1분기 실적 보고 준비 개요

지은이			서명	
작성 일자	20 년 월 일		분류/ 분량	
제목				
요약	－ － －			
내용	－ 오프닝(서론) － 바디(본론) － 클로징(결론)			
참조				

텔레비전에 나오는 방송인을 보면 손에 작은 종이를 들고 말하는 것을 볼 수 있다. 큐시트라고 하는데 이것 역시 개요서의 일종이다. 뉴스에서 프롬프터를 보고 말하는 것도 결국 원고를 잘 읽는 것이다. 또한 쇼핑호스트들도 방송 일주일 전에 상품을 어떻게 전달할지 기획을 하고 아이디어를 나누고 완벽하게 본인만의 개요서를 만들고 철저하게 자기 분석과 리허설을 거친 후 방송을 한다. 그래야 머릿속에 정리가 돼 본인만의 완벽한 스피치를 할 수 있기 때문이다. 방송을 하는 사람들도 똑같이 떨리는 와중에 무대에 오른다는 사실을 명심하기 바란다. 스피치의 오프닝에서 말이 잘되면 나머지도 술술 풀리는 것을 경험하게 된다. 마지막까지 포기하면 안 된다. 스피치 개요서를 작성하기 위해서는 반드시 주제 설정과 작성 목적, 청중 분석이 나와야 한다.

💬 주제 정하기

💬 작성 목적

❖ 설명, 설득(보고, 토론)

설명 스피치는 어떤 일이나 대상의 내용을 상대편이 잘 알 수 있도록 밝혀 말하는 것으로 교수가 대학교에서 지식을 전달하는 것, 회사에서 규율이나 프로세스를 설명하는 것이 대표적이다. 설득은 상대편이 내 이야기에 공감할 수 있도록 여러 가지로 생각해 말하여 깨우치게 하는 것이다. 공개 입찰의 수주를 따내는 것에도 설득이 작용한다. 쇼핑호스트들이 상품을 팔 때 나도 모르게 지갑을 열고 전화기에 손이 가는 것 또한 내가 설득당했기 때문에 일어나는 행동이라고 볼 수 있다. 설득의 유형에 속하는 보고는 일에 대한 결과를 말로 전달하거나 글로 작성해서 전달하는 것을 말한다. 보고할 때도 기본적인 뼈대를 머릿속에 넣고 말해야 군더더기 없이 전달할 수 있다.

토론 역시 상대방을 설득하는 목적으로 하는 스피치인데 찬성과 반대의 입장으로 나뉠 때 주제에 대한 핵심을 상대에게 관철해야 하는데 이때 정확한 주장과 근거가 밑받침되어야 하며 내 주장이 논리적이어야 민감한 말하기에 해당된다. 그래서 반드시 내가 글을 쓰는 목적이 무엇인지, 설명인지 설득인지를 정한 후 스피치를 듣는 대상을 정하고 확실하게 표현할 필요가 있는 것이다.

❖ 주제의 통일성

하나의 글을 완성하기 위해서는 주제가 여러 가지로 나뉘면 안 된다. 즉 하나의 글에는 하나의 주제가 나와야 통일성 있다. 예를 들어 고양이에 대해 이야기하려고 할 때 고양이에 대해서만 말해야지 강아지, 호랑이 등의 이야기가 많이 나오면 스피치의 맛을 떨어뜨릴 수 있다. "One page One massage"의 규칙성에 따라 하나의 글에는 하나의 주제만 넣고 끌고 가야 스피치가 깔끔하게 된다.

주제와 연관된 단어를 구성하는 것도 굉장히 중요하다. 영국인들에게 사랑을 받았던 극작가 셰익스피어William Shakespeare는 플롯Plot을 중요하게 여겼다. 즉 인물이나 주제 배경이나 문제가 탄탄하게 직조되어 있어야 이야기가 단순하지 않고, 새로운 인물을 등장시키고 변화를 주기 좋다고 한다. 스피치는 경험이나 사실을 바탕으로 말하기 때문에 구성력이 중요하다. 그래야 논리적인 구성을 바탕으로 감성적인 부분까지 더해서 청중을 설득시킬 수 있기 때문이다.

청중 분석

❖ 성별/연령/청중의 수준/수

❖ 적극적인 청중/의무적인 청중

청중을 분석하기 위해서는 성별과 연령 수준이나 몇 명이 모여 내 스피치를 들을 것인지가 우선적으로 파악되어야 한다. 그런 다음 청중의 언어로 말하는 준비 단계가 필요한 것이다.

예를 들어 초대 강사가 유치원에 가서 교사를 대상으로 마인드 교육을 한다면 유치원 교육 과정이나 교실의 환경, 유치원 교사의 고충을 이해하고 있어야 한다. "여러분 오늘 마인드 교육한다고 하니까 어떠세요? 또 교육이야? 이런 생각 들지 않습니까? 교육일지 쓸 시간 빼앗지 않을 테니까요 50분만 집중해 주시기 바랍니다."라고 말한다면 청중은 스피치에 집중하게 될 것이다.

청중이 어떤 이야기를 듣고 싶어 하는지 분석해 교감할 수 있도록 스토리를 먼저 제시해 주어야 한다.

개요서 설계하기(순서)

집을 그릴 때 창문과 문을 먼저 그리는 사람은 없다. 보통 지붕을 먼저 그리고 몸을 그리고 창문과 문을 순서대로 그린다. 말할 때도 마찬가지이다. 지붕이 서론이고 몸통이 본론이고 집에 들어오고 나가는 문을 결론으로 설정해야 한다. 즉 주장과 그 주장을 받쳐 주는 말이 서론에 해당하고, 주장에 대한 이유나 예시를 보통 본론에 넣게 된다. 마무리는 여운이나 감동을 주는 이야기, 스피치 내용의 재정리, 또는 명언으로 결론을 맺는다. 사람을 기준으로 생각해 보면 서론은 머리, 본론은 어깨~엉덩이, 결론은 다리 정도로 이해하면 된다.

서론

본론

결론

서론의 역할은 관심 끌기다. 어떻게 관심을 끌 수 있을까? 질문법이다. 서론에서 질문하고 내 스토리를 넣어 주면 된다. 예를 들어 "오늘 발표를 할 ○○○입니다. 열심히 해 보겠습니다."보다는 "우리 회사는 경제 성장의 메카라고 해도 과언이 아닙니다. 오늘 회사의 로비에서 주역 분들의 사진을 보니 감회가 새로웠습니다. 그 영광스러운 분들 앞에서 영광스럽게 발표하도록 하겠습니다." 이런 표현을 듣고 이렇게 생각할 수도 있다. "너무 아부하는 것 아니야?" 회사를 대표해 스피치를 할 수 있고 회사가 성장해 간다는 것은 큰 기쁨이 아닐 수 없다. 한 번 생각해 보라. 아부가 아닌 실제 현상을 진실하게 표현하는 것도 스피치의 영역이다. 서론에서 자신의 마음을 솔직하게 털어놓고, 사적인 스토리를 털어놓으면 청중과 친밀감이 높아질 수 있고 긴장감을 내려놓게 된다.

본론에서는 내용에 충실해야 한다. 내용을 말할 때는 구조화시키는 것이 중요하며 말할 내용이 아무리 중요하다 하더라도 예시를 5~6가지 정도 이상 말하는 것은 내용이 너무 길어지고 기억하기 어렵게 만들기 때문에 삼가야 한다. 본론을 구성할 때 중요한 것이 상대방의 인상에 남게 하는 것이다. 기억에 남겨 줘야 한다. 간혹 기업 강의를 갈때 내가 가장 많이 듣는 것이 "재미있게만 해 주세요."라는 부탁이다. 하지만 정말 재미있게만 해 주면 남는 게 없다고 타박을 받을 수 있다. 본론을 잘 말하려면 내용도 잘 짜여 있게 구성하고 상대가 기억해야 할 것을 재미있게 풀어서 결론에서 다시 한 번 언급해 주면 된다. 이때 핵심 내용은 3가지로 분류해서 말한다.

예를 들어 좋아하는 음식을 말해 보라 하면 어떤 음식이 생각나는가? "부대찌개, 순두부찌개, 피자, 햄버거, 초밥, 우럭 회…"라고 말한다. 하지만 이렇게 장황하게 말하지 말고 "전 양식 한식 일식을 좋아합니다. 양식은 피자 햄버거, 한식은 부대찌개, 순두부찌개, 일식은 초밥, 우럭 회입니다." 이렇게 구분해서 말하는 것이 도움이 된다.

또는 "오늘 회의는 크게 3가지 안건으로 진행하겠습니다. 첫째, 코로나19로 재택근무를 하라는 전달이 내려왔습니다. 김 대리에게 파일을 이메일 발송 요청했으니 받아 보시고 착오 없으시기 바랍니다. 둘째, 휴가철인데 당분간은 외출을 자제할 것을 권면합니다. 집에서 쉴 수 있도록 노력해 주기 바라며 휴가 명단을 이번 주까지 올리도록 해 주십시오. 마지막으로 세 번째, 실적이 지난해 비해 20% 저하됐습니다. 물론 수출이 막혀서 그럴 수 있다고 하지만 이대로 진행하다가는 회사에 타격이 있을 수 있습니다. 김 부장 지난달 실적 건 준비했나요?" 이렇게 의견을 세 가지로 분류해서 이야기하면 된다.

결론의 역할은 요점 정리와 명언이나 동영상을 통해 감동을 더하는 것이다. 본론에서 언급했던 핵심 메시지를 다시 반복하는 것(전체 내용 요약)도 청중의 기억에 주제를 남기는 방법 중 하나이다. 예를 들면 "스피치를 잘하기 위해서는 첫째, 논리적으로 말해야 하며 둘째, 목소리가 듣기 좋아야 하고, 마지막으로 셋째, 바디랭귀지와 표정, 자세가 좋아야 합니다. 이 세 가지를 반드시 기억해 주시기 바랍니다."라고 정리하는 것이다.

또한 연사의 견해도 넣으면 청중이 연사에 대한 공감대를 형성해 친밀감을 높일 수 있다. 예를 들어 "여러분 우리는 능동적으로 살아가고 있습니까? 누군가에게 잘 보이려고 수동적으로 살아가지는 않는지요? 여러분 삶의 주인공은 여러분입니다. 자신을 믿고 자신을 격려하며 달려가는 여러분이 되길 바랍니다."라고 말하며 청중과 친밀감을 형성할 수 있다.

독일의 심리학자 헤르만 에빙하우스의 망각 곡선에 의하면 정보를 한 번만 들으면 초반에는 빠르게 잊어버린다. 하지만 한 번 들은 것을 다시 듣는다면 잊는 속도가 느려지고, 여러 번 들을수록 잊는 속도가 점점 느려져서 결국은 거의 잊지 않는 장기기억이 된다. 그러므로 결론에서 주제를 반복해 준다면 청중은 스피치를 더 잘 기억할 수 있다.

스피치의 마지막에 주제와 관련된 명언을 넣어서 결론을 짓는 것도 사람들의 기억에 오래 남게 하기 위함이다. 마지막에 "최선을 다하겠습니다."보다는 "보이는 것보다 보이지 않는 것이 더 중요할 때가 있다고 합니다. 지금이 바로 그때인 것 같습니다. 보이지 않는 이 문제 해결을 즐거운 마음으로 완수하겠습니다." 또는 "여러분 '전문가란 남들이 가지 않는 길을 걷는 인물'이라는 말이 있습니다. 이 말은 예전에 가지 못했던 낯선 길을 용기 내어 가야지만 전문가가 될 수 있다는 말입니다."라고 말하는 것이 훨씬 성의 있어 보인다. 그리고 결심이나 촉구, 실천 의지를 첨가하는 경우도 있다. 예를 들어 "전문가가 되고 싶으십니까? 그렇다면 창문만 바라보지 말고 문을 열고 나가시기 바랍니다." 이렇게 마무리를 지으면 그 자리가 훈훈해질 것이다.

💬 개요서는 직접 써라

간혹 임원이나 직급이 높은 분이 비서나 전문가가 써 준 원고를 들고 나와서 원고와 사랑에 빠지는 장면을 자주 접하게 된다. 우리는 이런 스피치에 정말 질색한다. 왜냐하면 설득력 있지 않은 말로는 결코 설득되지 않기 때문이다.

몇 년 전 어느 연수원에서 직장인 대상 강의로 스피치 개요서를 작성하는 법을 지도했다. 나이가 지긋하신 분이 주무시고 계셔서 작성을 요청드렸더니 "난 이런 거 안 해도 아랫것들이 써 줘서 괜찮아."라고 말하는 것을 보고 정말 깜짝 놀랐다. 아랫것들이라는 말에 얼마나 권위 의식이 느껴졌는지 모른다. '내가 저분을 상사로 모신다면 정말 회사 가는 것이 지옥 같겠다.'라는 생각이 들었다.

누가 써 주든 개요서를 작성 후 원고에 옮겨 읽었을 때는 내가 무조건 책임져야 한다. "왜 이따위 원고를 썼어?"라고 말하면 그 사람은 정말 어리석은 사람이라는 것을 명심하기 바란다. 미국의 스탠퍼드대학교에서 스티브 잡스에게 졸업 축사를 부탁했을 때 그는 전문가에게 의뢰했으나 연락이 닿지 않자 급하게 원고를 써서 무대에 올랐다. 직접 원고를 작성하고 책임감 있게 연설대에 올랐던 그의 스피치는 오늘날까지 명축사 베스트 1위로 자리를 지키고 있다.

오바마의 유명한 연설 가운데 하나가 총기 난사 희생자를 위한 추도 연설이다. 미국 찰스턴 교회에서 백인 우월주의 청년이 흑인을 향해 총기를 난사해 9명이 희생된 사건을 우리는 기억하고 있다. 사건이 터진 후 전쟁이 나지 않을까 하는 걱정도 들었다. 죽은 흑인들의 장례식에 오바마 대통령이 참석해서 무슨 말로 희생자의 유가족과 흑인을 위로할까 궁금해 숨죽여 텔레비전을 보았던 기억이 생생하다. 오바마는 연단에 오르자 잠시 생각에 잠기더니 찬송가 어메이징 그레이스 Amazing Grace (놀라운 은총)를 선창했다. 이어 수천 명이 따라 합창했다. 클라이맥스에서 희생자 한 명 한 명의 이름을 부르며 Amazing Grace를 외쳤고 "모두의 영광을 위하여!"라고 하늘을 보고 자유로운 미소로 다시

한 번 외쳤다. "United States of America(미합중국)!"라고 외치고 퇴장하여 국민들은 감격해 얼싸안으며 열광했고 그의 말에 유가족들은 피의자를 용서하였다고 한다. 믿기지 않을 정도로 참혹한 비극 중 하나였던 사건이 지역 사회를 하나로 만들었다고 모두가 극찬을 아끼지 않았다.

오바마는 과연 다른 사람이 써 준 연설문을 가지고 연기를 했던 것일까? 직접 쓰고 다듬고를 수백 수천 번은 했을 것이다. 아마 사람들을 어떤 말로 위로할지 수없이 고민하며 전날 밤을 지새웠을 것이다. 이렇듯 오바마 전 대통령보다 덜 바쁜 우리는 충분히 원고를 직접 쓸 수 있다. 김연아 선수가 피나는 훈련을 해 피겨의 여왕이 되었듯이 여러분도 파급 효과와 설득력, 진실성을 인정받고 싶다면 지금 바로 서재로 들어가라!

PART 5

프레젠테이션
&
바디랭귀지
(몸짓 언어)

프레젠테이션

조직 생활에서 피해갈 수 없는 스피치 중 하나가 바로 보고 PT, 프레젠테이션이다. 요즘은 승진이나 신입 채용에서도 PT 면접이 증가하는 추세이다. 정해진 시간 안에 내 역량과 능력을 맘껏 표현해야 하는 스피치이기 때문이다. 프레젠테이션에서 중요한 것은 내용 구성과 논리성, 전문성이다. 경쟁사와 긴장된 상태에서 수주 공사를 따내야 하는 긴박한 상황에서는 내 역량이 조직의 성과로 연결되기 때문에 사소한 실수조차도 용납될 수 없고 '다음'이나 '내일' 같은 건 허용될 수 없다. 그러므로 프레젠테이션은 내 역량을 증명해야 하는 중요한 스피치이다.

프레젠테이션_{Presentation}은 "시청각 설명회" 또는 "시청각 자료를 활용해 사업 따위의 계획이나 절차를 구체적으로 발표하는 활동" 또는 "발표할 때 사용하는 자료 문서"를 의미한다. 프레젠테이션의 공통 목적은 사람들 앞에서 청중을 설득시키고자 함이다. 일반적인 대화나 강연 그리고 연설은 청중에게 자료를 제공할 필요가 없지만 프레젠테이션은 청중의 이해를 돕기 위한 자료를 필요로 한다. 그렇기 때문에 주제와 스피치의 방향이 결정되면 필요한 자료를 수집하고, 전반적인 구성을 설계하고, 내용을 만들어야 한다. 또한 어렵게 만드는 것이 아니라 모두가 알 수 있도록 쉽게 제작해야 한다.

이때 시각적인 보조 자료는 파워포인트가 대표적이다. 파워포인트는 여러 가지 기능이 탑재되어 있기 때문에 효과적으로 발표 자료를 작성할 수 있다는 장점을 갖고 있다. PT 초보자는 화려한 이미지와 효과음을 사용하며 자료를 현란하게 꾸미는데 이것은 매우 위험한 작업이다. 집중력을 높이기 위해 만든 자료가 실제로는 집중을 흩트릴 수 있는 요소가 될 수 있기 때문이다. 깔끔하고 집중할 수 있으며 단순하고 포인트 있는 이미지를 사용하는 것을 추천한다. 프레젠테이션 장에서는 프레젠테이션을 하는 이유와 장소 분석, 시간 배분과 기본 구조, 청중 분석 등에 대한 내용을 다루도록 하겠다.

💬 청중 분석

🗨 청중 People

청중을 분석하는 것이 왜 중요할까? 청중을 분석해야 그들이 적극적인지, 의무적인지, 무관심한 청중인지를 파악할 수 있다. 적극적인 청중은 내가 무슨 말을 해도 내 강의에 관심이 있는 사람들이라 반응을 이끌어내기 쉽다. 문제는 의무적인 청중과 무관심한 청중이다. 대놓고 자거나 핸드폰을 보고 있거나 팔짱을 끼고 딴생각을 하는 행동은 연사를 정말 당황하게 만들 뿐 아니라 심지어 너무 당황해 눈앞이 캄캄해지는 증상까지 경험하게 한다. 거래 고객을 만나 PT를 해야 한다면 고

객의 관심도나 취향, 취미 등을 서론에 비추면 관심을 끌 수 있다. 청중 분석이 잘되면 좋은 PT를 할 수 있다. 청중이 소수 인원이면 장점이 무엇일까? 질문을 자연스럽게 유도할 수 있다. 개인적인 질문을 통해 집중력을 높일 수 있다는 뜻이다.

나는 강연장에 가면 앞자리에 앉는 걸 참 싫어했다. 왜냐하면 처음 보는 강사가 손들어 보라고 하는 게 별로 탐탁지 않기 때문이다. "여러분 바쁜 아침에 준비하고 오느라 힘들었죠? 아침 식사 안 하고 오신 분 계신가요? 누구시죠?"라고 물을 때 나는 손을 들지도 않았을뿐더러 맘속으로 독백을 했다. '밥 안 먹고 왔으면 자기가 밥 사줄 건가?' 거부감이 들었다. 굳이 손을 안 들어도 상관없는데 뭘 알고 싶어서 저러나 싶었다. 이렇듯 연사만 청중에 대한 부담이 있는 건 아니다. 청중도 똑같이 연사를 보고 긴장한다. "시키지 않을까? 난 저 사람에 대해 아는 게 없어!"라는 적개심이 들 수도 있다.

그렇다면 처음 보는 사람 앞에서 프레젠테이션할 때 어떻게 질문할까? 참여형 질문보다는 수사적 질문修辭的質問이 듣는 사람에게는 강한 효과를 낼 수 있다. 이 표현법은 설득이 요구되는 문장이나 웅변조의 연설에 흔히 쓰이는데 백과사전을 찾아보면 '실제로 대답을 전제로 하는 것이 아니라 수사학적 효과를 위해 사용하는 의문문으로, 화자가 이미 가정하고 있는 답에 청자가 참여하도록 기회를 주어 직설법보다 더 강한 효과를 얻을 수 있다'고 쓰여 있다. 예를 들어 "남편 회사 보내고 아이 등교 시키고 오신 분?"이라고 말하는 것보다 "아침 일찍 남편 회사 보내고 아이들 등교시키고 오시느라 바쁘셨죠?" 이렇게 말하는 것이 훨씬 공감적 반응을 일으킨다는 것이다.

그리고 청중의 성별에 따라 집중력을 더 높이는 방법이 다르다. 남성이면 논리성에 집중해야 하며 스포츠 또는 통계 자료나 수치 등 정확한 근거를 밑받침할 수 있는 자료를 제시해야 신뢰감과 전달력을 높일 수 있다. 반면, 여성이면 가족 이야기로 공감대를 형성하고 강의식보다는 에피소드를 넣어 스토리텔링 방식으로 이끌어 가는 것이 집중력을 향상시킬 수 있다.

연령대에 따라서도 달라지는데, 특히 청중이 10~20대일 때 음악이나, 취업, 연애 이야기, 아이돌에 대한 이야기면 반응을 이끌기 수월하다. 중, 장년층은 성공 이야기, 현실적인 이야기, 건강이나 취미 특히 골프 관련 이야기에 훨씬 집중을 많이 한다. 목소리는 카리스마 있게 낮고 큰 음성이 호감을 얻으며 존칭을 반드시 넣어서 말해야 한다는 것도 잊어서는 안 된다.

🗣 목적 Purpose

프레젠테이션을 배우기 위해 오는 수강생에게 30분 분량의 PT를 준비해 오라고 숙제를 낸 후 연단에 오르는 훈련을 시켰을 때 안타까울 때가 많다. PT 목적이 뭔지, 이루고자 하는 것이 무엇인지 파악이 안 되는 것이다. 그래서 이 PT를 통해 기대하는 것과 요구하는 것이 무엇인지 파악하고 반드시 목적을 달성하기 위해 PT를 한다는 것을 잊지 않아야 한다.

🗣 장소Place

어떤 장소에서 발표를 하는지 반드시 사전에 알아야 익숙하게 말할 수 있다. 위치와 공간, 설비는 잘 되어 있고 기자재는 더 필요하지 않은지, 그 밖의 환경 조건은 괜찮은지 미리 따져 봐야 한다.

몇 년 전 연수원에서 기업 강의를 할 일이 있었다. 강의 전 미리 홈페이지를 통해 강의 장소를 보고 시뮬레이션을 통해 강당을 확인하고 강의 시작 30분 전에 도착했다. 강의 전 기업 내에서 행사가 있어 기업 측에서 몇 개의 진행을 부탁하셨다. 식순을 보고 방송실에 가서 담당자분께 애국가와 국기 상태를 확인했다. 애국가는 음향으로 대체하고 국기는 스크린으로 내려 준다는 말을 들은 뒤 행사를 시작했다. 아, 그런데 이게 웬일인가? 국기에 대한 맹세를 하는데 국기가 내려오지 않는 것이었다. 사람들은 위아래로 둘러보면서 술렁대고 나는 음향 소리가 마칠 때까지 기다리다 문득 이런 생각이 떠올랐다. '우리가 한 손을 왜 가슴에 댈까?' 곰곰이 생각하니 답이 분명해졌다. 그리고 "여러분 국기가 보이지 않아서 당황하셨죠? 국기는 우리의 마음속에 있습니다."라고 말하니 모두가 웃어 주셔서 다음 순서로 무난히 넘어갈 수 있었다. 다시는 겪고 싶지 않은 경험이다.

다른 에피소드도 있다. 어느 강의 전 방송실 담당자에게 강의 파일을 넘겨 주면서 동영상 재생을 해 볼 수 있느냐고 물었다. 담당자분은 재생을 반 정도만 하시더니 됐다는 말과 함께 영상을 컴퓨터에 다운로드해 주셨다. 강의가 끝나갈 무렵 동영상을 재생했더니 3분 후 멈추는 것이 아닌가! 다시 재생을 부탁했고 역시나 3분 후 다시 끊겼다. 할 수 없이 이어지는 동영상의 다음 내용을 말하며 강의를 마쳤다. 끝나고 나서 다시 방송실에 올라가 설정 상태를 살펴보니 3분 설정으로 맞추어져 있었다. 방송실 담당자를 탓해 뭐하겠나!

이외에 신경을 써야 할 것이 있다면 공간의 크기에 따른 좌석 배치도 점검해 보기 바란다. ㄷ자형인지 원탁형인지 강의식 배치인지 알아야 하며 원하는 배치가 있다면 미리 도착해 얼마든지 바꿀 수 있다. 다음으로 프로젝터와 노트북의 연결선 길이와 상태, 파워선(연장선)과 유·무선 네트워크 환경도 체크해야 한다. 가장 예민한 마이크 위치와 상태, 스피커의 음향 상태나 그 밖의 장애 요소는 없는지 반드시 다시 살펴봐야 한다.

🗨️ 청중 유형

프레젠테이션할 때 프레젠터의 스타일이 있다면 청중도 유형별 스타일이 있다. 나는 어떤 유형에 속할까?

💬 권위형

권위형은 카리스마형으로 자존감이 높고 경직된 사고를 가지고 있다. 목적이 뚜렷한 편이고 과정보다는 결과 지향적이고 위계를 중시한다. 이런 유형에게는 형식을 중요시하고, 호감을 보이고, 신뢰감 있게 행동하는 것이 좋다. 또한 튀는 행동을 자제하는 것이 무엇보다 중요하다. 왜냐하면 권위형은 자신을 인정해 주고 칭찬해 주는 것을 좋아하는 유형인데 연사가 뛰게 되면 청중이지만 존재감을 잃어버릴 수 있다고 여기기 때문이다.

🗨 분석형

분석형은 신중하고 숫자에 강하며 간섭하고 세심한 것이 특징이다. 모든 일에 적극적이고 시어머니 스타일이라고 생각하면 이해가 잘될 것이다. 이런 유형의 경우는 세부사항에 신경을 특별히 써야 한다. 청중이 왜 이 PT를 들어야 하는지를 반드시 서론에서 설득해 줘야 하며 논리적 근거와 타당성을 제시하는 것이 중요하다.

🗨 관계중시형

관계중시형은 연사에게 관심이 많고 적극적이다. 연사는 이런 유형의 청중과 관계를 잘 맺어 놓는 것이 좋다. 동호회나 자기 계발 모임에서 이런 유형을 반장이나 대표로 선출하면 조직의 유형을 잘 챙긴다. 이런 유형은 반드시 내 편으로 만들어 놓아야 편하다.

🗨 자기도취형

자기도취형은 자존심이 세고 어떤 생각을 하는지 모를 사람이기 때문에 이야기를 잘 들어 줘야 한다. 그리고 잘 리드하면 잘 따라오는 유형이다. 이때 부수적으로 칭찬이나 맞장구가 특효약이 될 수 있다.

🗨 과묵형

과묵형은 말없이 집중하고 내성적이며 접촉을 최대한 회피하는 유형이다. 서두르지 말고 무시하면 안 되며 특히 너무 의도적으로 다가가 말 시키지 않는 것이 좋다. 그리고 보여 주기를 많이 하고 관심을 끊지 말고 "내가 당신을 생각하고 있습니다."라는 신호로 시선을 조용히, 꾸준히 보내 주는 것이 도움이 된다.

🗨 크레믈린형

크레믈린은 모스크바의 성 이름(크렘린)으로 구소련의 정책 의결이 이루어지는 곳이었다. 소련의 정책은 Inner Circle 사이에서만 이루어졌기 때문에 소련이 무슨 행동을 하든, 소련의 수장인 서기장이 무슨 생각을 가지고 있든 알 수 없었다. 크레믈린은 구소련의 대표적인 상징물이므로 그 특성에 빗대 이름 지은 청중 유형이다. 이 유형은 온순하고 불안하며 은폐, 내적인 날카로움을 소유하고 있는 것이 특징이다. 최대한 예의를 지키고 차근차근 빈틈없이 말해 주는 것이 포인트이다.

🗨 고집불통형

고집불통형은 융통성이 없고 자기주장만 하는 이기적인 유형이다. 그냥 원하는 대로 해 주는 것이 답이 될 수 있다. 청중의 유형 중 가장 대하기 힘들다. 또한 여러 가지 대안을 제시하는 지혜를 발휘해야 스피치를 잘 마칠 수 있다.

🗨 정치형

정치형은 제일 조심해야 하는 유형이다. 왜냐하면 나중에 문제 제기

할 가능성이 가장 높은 유형이기 때문이다. '열 길 물속은 알아도 한 길 사람 속은 모른다'는 말이 있다. 이 유형에서도 이 말을 사용해 이렇게 바꾸어 말하는 것이 옳다. '열 길 물속은 알아도 한 길 청중 속은 모른다.'

프레젠테이션 시간 배분 및 기본 구조

프레젠테이션 시간 배분
서론: 10~20%
본론: 60~70%
결론 및 질의응답: 20~30%

기본구조
① 주제: 발표 주제를 언급한다.
② 목차 및 서론: 이야기할 개요를 말한다.(관심 끌기)
③ 본론: 세부적인 본론을 말한다.
④ 요약: 각 파트의 핵심을 다시 요약한다.
⑤ 결론: 핵심을 재정리한다. 또는 명언이나 동영상 시청으로 감동을 준다.

프레젠테이션에 실패하는 이유
① 제시간에 시작하지 않는다.
② 어투가 청중을 무시한다.

③ 제목과 내용이 일치하지 않는다.

④ 내용이 정확하지 않다.

⑤ 아무 말 대잔치처럼 횡설수설한다.

⑥ 주제에 대한 편견을 가지고 있다.

⑦ 프레젠터가 예고 없이 계획을 변경한다.

⑧ 프레젠터가 생각이 없다.

⑨ 프레젠터가 지나치게 자기 자랑을 한다.

⑩ 성의 없이 말하고 자신감이 결여됐다.

⑪ 지루하고 평범하며 사소한 것에 집착한다.

⑫ 한 슬라이드에 깨알 같은 글씨가 있다.

⑬ 오타가 계속된다.

⑭ 질문받지 않고 그냥 끝낸다.

⑮ 제시하고자 했던 동영상을 기술적인 문제를 핑계 대고 안 보여준다.

🗨 프레젠테이션 관련 법칙

❖ 7×7 법칙

- 한 슬라이드에 정보를 넣을 때는 한 줄에 7단어를 넘지 않아야 한다.

  예 목소리는/ 발음/ 발성/ 호흡이/ 중요합니다./(5)

- 한 슬라이드에 최대 7줄이 넘지 않아야 한다.

  예 저는 말을 잘하고 싶습니다.

이번에 부서 이동을 해 교육 파트를 맡았습니다.

교육 진행을 하려면 말을 잘해야 합니다.

그래서 스피치 학원에 등록했습니다.

저는 앞으로 열심히 스피치를 배우겠습니다.

저와 함께 스피치의 달인이 되었으면 합니다.

감사합니다.

❖ One Page One Message
 – 한 장의 화면에는 하나의 메시지만 담는다.

  그림이나 기호나 영어 한 단어만 삽입한다.

프레젠테이션을 하는 목적은 설득이다. 설득하려면 '쉽게 말해라'라는 말을 많이 한다. 너무 어렵게 말하면 듣는 사람 역시 많은 생각을 하기 때문에 전달력이 부족해질 수밖에 없다. 또한 어렵게 말하는 사람을 보면 장황하게 말하는 사람도 꽤 많다. PT를 준비하면서 반드시 쉬운 단어를 찾고 한 문장을 길게 두 줄 세 줄까지 끌고 가지 않아야 한다.

🖥️ 스티브잡스·김연아 프레젠테이션 스킬

애플의 창업주 '스티브 잡스' 하면 무엇이 떠오르는가? 나는 짧은 머리, 청바지에 검은 티셔츠가 생각난다. 왜 매일 같은 옷을 입고 나왔던 것일까? 옷 고르기 같은 작은 선택을 할 때도 뇌는 스트레스를 받고 피로해지기 때문에 선택 자체를 없애고 진짜 필요한 일에 집중하기 위해서였다고 한다. 나처럼 옷 고르는 것이 재미있고 즐거운 일이라고 생각하는 사람은 절대 공감할 수 없는 말이다.

'김연아' 하면 떠오르는 단어가 '똑똑함, 열정, 부지런함, 성실함, 깨끗함'이다. 2018 평창 동계올림픽 유치를 위한 프레젠테이션을 통해 대한민국 국민은 김연아 전 선수의 능력에 찬사를 보냈다. 그녀는 프레젠테이션 능력으로 대한민국이 세계로 우뚝 서는 데 일조했다.

이 두 인물의 PT의 공통점은 무엇일까? 전문 용어나 긴 단어를 지양하고 추상적인 설명은 과감히 삭제했으며 감정 표현의 형용사를 많이 쓴다는 것이다. 특히 스티브 잡스와 김연아의 프레젠테이션 방법을 많은 분들이 배우고 싶어 하는 이유도 이것이 아닐까 하는 생각이 든다.

첫째, 프레젠테이션 안에 반드시 표정이 담겨 있다.

둘째, 프레젠테이션 안에 반드시 바디랭귀지가 담겨 있다.

셋째, 프레젠테이션 안에 반드시 조절된 목소리가 담겨 있다.

2018 평창 동계올림픽 유치를 위한 프레젠테이션(일부)

– 김연아

Roggue 위원장님, IOC 위원님들 안녕하세요.(밝고 보통 톤) 저희가 스위스의 로젠에서 만나 뵌 지 7주밖에 지나지 않았다는 게 믿기지 않습니다. 그 후로 저는 오늘을 위해 더 열심히 훈련해 왔습니다. 로젠에서 있었을 때와 마찬가지로 조금 떨리네요. (…) 저는 벤쿠버에서 경쟁했을 때와 같은 느낌이 듭니다.

10년 전에 평창이 처음으로 동계올림픽 유치를 꿈꾸기 시작했을 때 저는 서울의 아이스링크장 위에서 저만의 꿈을 이루려고 노력하던 어린 소녀였습니다.(낮고 큰 톤) 그때 저는 운이 좋게도 좋은 훈련 시설과 코치님이 있는 겨울 스포츠를 선택하게 되었습니다. 하지만 다들 아시다시피 많은 한국 동계올림픽 선수들이 훈련을 받고 올림픽의 꿈을 이루기 위해 전 세계를 돌아다니고 있습니다.

이제 저의 꿈은 제가 가졌던 기회들을 다른 선수들과 함께 새로운 곳에서 펼쳐 보는 것입니다. 2018 평창 올림픽은 그 꿈을 이루게 해 줄 것입니다.(호소력 있고 강하게)

(…)

한국은 벤쿠버에서 제 메달을 포함해 14개의 메달을 땄고 우리는 82개 국가들 중에서 7위를 거두었습니다. (…) 제 자신이 바로 동계 스포츠의 수준을 향상시키기 위한 한국 정부의 노력이 들어가 있는 살아 있는 유산이라는 말씀을 드리고 싶습니다. 그리고 저는(점점 느리게) 우리의 승리가 의미하는 것이 무엇일지 알게 되었습니다.

그것은 아마도 성공과 성취를 위한 가능성일 것입니다. 그것이야 말로 전 세계에 있는 젊은이에게 필요하고 주어져야 마땅한 것입니다.

마지막으로 개인적인 말씀도 드리고 싶습니다.(부드럽고 밝게) 올림픽 선수가 IOC 위원님들 앞에서 한꺼번에 감사하다는 말씀을 드리는 경우는 거의 없습니다.(천천히 말하되 분명하게) 저 같은 사람에게 꿈을 펼칠 수 있고 <u>다른 이들에게 희망을 줄 수 있게</u> 기회를 제공해 주신 모든 IOC 위원님들께 감사하다고 말씀드리고 싶습니다. 감사합니다.

🗨 문장 살펴보기

① 그냥 "안녕하세요."라고 말하지 않았다. 정확하게 "Roggue 위원장님, IOC 위원님들"에게 안부를 묻고 "스위스의 로젠"에서의 만남을 강조하며 친분을 강조하였다.

② "조금 떨리네요."

⇒ 경직되고 당차기보다는 솔직함을 보여 주었기 때문에 마음의 벽을 무너뜨릴 수 있는 PT라고 할 수 있다.

③ "10년 전에 평창이 처음으로 동계올림픽 유치를 꿈꾸기 시작했을 때 저는 서울의 아이스링크장 위에서 저만의 꿈을 이루려고 노력하던 어린 소녀였습니다."

⇒ 호기심을 자극하며 올림픽이 평창에 유치되어야 한다는 목적

이 담겨 있는 스토리텔링이다.

④ "그때 저는 운이 좋게도 좋은 훈련 시설과 코치님이 있는 겨울 스포츠를 선택하게 되었습니다. 하지만 다들 아시다시피 많은 한국 동계올림픽 선수들이 훈련을 받고 올림픽의 꿈을 이루기 위해 전 세계를 돌아다니고 있습니다."

⇒ 한국 선수들이 능력은 있지만 열악한 환경에 처해있음을 강조하고 있다.

⑤ "한국은 벤쿠버에서 제 메달을 포함해 14개의 메달을 땄고 우리는 82개 국가들 중에서 7위를 거두었습니다."

⇒ 데이터와 통계 수치를 정확하게 말해서 설득력을 높였다.

⑥ "살아 있는 유산이라는 말씀"

⇒ 상징적인 말로 자신의 이미지를 드러내면서 평창의 가치를 높였다.

프레젠테이션 바디랭귀지 및 표정	
안녕하세요	조금 떨리네요
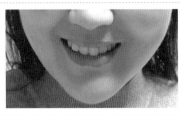	
치아가 최소 6개 이상 보일 정도로 밝은 미소를 짓는다.	얼굴이나 어깨 근처에서 엄지와 검지를 붙인다. (조금을 표현)

프레젠테이션 바디랭귀지 및 표정	
그때 저는	그 꿈을

오른손을 가슴에 붙인다. 이때 주의할 점은 손가락을 벌리지 않고 붙이는 것이다. (벌리면 산만해 보인다.)	두 손 중 많이 쓰는 손을 이용해 주먹을 쥔 상태에서 올렸다가 강하게 내린다. (이때 팔꿈치가 가슴 옆에 위치한다.)
다른 이들에게	감사합니다

가슴 앞에서 양손을 엇갈린 후 손가락은 가지런히 붙인다. 가슴 밖으로 너무 나가지 않도록 조심한다.	두 손을 공수 상태에서 배꼽에 대고 30도 이상 허리를 숙인다. 이때 시선 처리는 땅을 보지 말고 사선을 향해 보며(상대방 발 앞코를 본다는 생각으로) 3초 정도 멈춘 후 올라온다. 남자는 왼쪽이 올라오고 여자는 오른손이 올라온다. (남좌여우)

바디랭귀지 (몸짓 언어) 훈련

두 팔이 없는 장애인, 하지만 스스로 충분히 행복한 여자, 화가이자 사진작가인 앨리슨 래퍼Alison Lapper이다. 그녀는 부모에게 버림받고 결혼 후에도 남편의 폭력으로 결국 이혼하고 혼자서 아이를 낳아 멋지게 키운 여자다. 비장애인도 혼자서 아이를 키운다는 것이 감당하기 어려운 일인데 양쪽 팔이 없이 입으로 그림을 그리는 멋진 분이다. 영국 런던의 트라팔가 광장에 가면 마크 퀸Marc Quinn의 작품인 〈임신한 앨리슨 래퍼Alison Lapper Pregnant〉 상이 설치되어 있다. 그녀의 동상을 보고 비난하는 목소리도 있었지만 많은 사람들은 그녀를 보고 밀로의 비너스에 빗대어 "살아있는 비너스"라고 부른다. 자신이 직접 목소리를 낸 것도 아닌데 작가는 작품을 통해 분명히 그녀의 감정을 전달하고 있다. 이것은 그만의 소통이었다고 해석한다.

대화할 때도 이처럼 직접 말로 표현하지 않고 몸짓, 손짓, 신체 동작으로 의사나 감정을 표현할 수 있는데 그것을 비언어라고 말한다. 말할 때 상대의 눈을 보고 고개를 끄덕이고, 감동적이면 두 손을 모으는 것도 비언어적 표현이라고 할 수 있다.

음성 못지않게 중요한 것이 몸짓 언어, 즉 바디랭귀지Body Language다. 바디랭귀지는 제스처Gesture라고 불리기도 하고 몸짓 언어 또는 동작 언어로도 불린다. 얼굴 표정, 팔, 다리, 눈짓 등을 사용해 표현하고자 하는 내용을 감정과 함께 전달하는 것이다. 말하는 사람은 감정과 의지를 갖고 바디랭귀지를 표현해야 성의 있는 비언어적 표현을 할 수 있다.

또한 바디랭귀지는 비언어적으로 진정성을 표현할 수 있는 무기이기도 하다. 우리는 말할 때 웃거나 슬프거나 신나면 몸에서 나오는 반응으로 감정을 표현한다. 사랑과 기침과 가난을 숨길 수 없다는 말이 있다. 스피치에서 바디랭귀지는 표현의 절대 도구란 걸 꼭 기억하기 바란다.

우리는 왜 바디랭귀지를 할까? 바디랭귀지의 목적은 다음과 같다.

첫째, 말할 때 바디랭귀지를 사용하면 불안과 긴장을 해소할 수 있다. 발표하는 사람을 보면 굳어져 있는 몸 때문에 뻣뻣해 보여서 청중까지도 불안해질 때가 있다. 말하는 사람이 경직되면 듣는 사람도 불편할 수밖에 없다. 긴장돼 있는 몸을 어떻게 풀 수 있을까? 입으로만 말하면 내 자세가 굳어져 있지만 손이 함께 도와주면 나도 모르게 스피치가 자연스러워지는 것을 경험하게 된다. 가령 우리가 사진을 찍을 때 셔터가 눌리기 전 잠깐의 시간도 어색해 손가락 하트를 만들거나 브이를 하는 이유도 어쩌면 불안과 긴장을 없애고자 하는 본능의 활동일 수 있다.

둘째, 바디랭귀지는 말하고자 하는 내용을 부연 설명해 준다. 예를 들어 "미선이가 도둑고양이처럼 살금살금 걸어오는데…"라는 말을 바디랭귀지로 표현한다고 생각해 보자. 미선이가 도둑고양이처럼 자세를 낮추고 눈을 이리저리 굴리고 두 손도 가슴에 붙여 가며 조심하는 바디랭귀지를 보여 주기 때문에 말의 내용이 더 부각된다는 장점이 있다.

셋째, 주의를 집중시키는 흡입 능력이 있다. 예를 들어 "내가 어제 술 한잔 하고 늦게 들어갔는데 와이프가 갑자기 시간이 몇 시냐며 버럭 소리를 지르더니 형광등을 켜는 거야!" 이 말을 바디랭귀지로 표현하려면 온몸을 다 활용해야 한다. 소주잔을 잡아 입에 대는 동작(내가 어제 술 한잔), 삿대질하며 쏘아붙이는 동작(시간이 몇 시야!), 불을 켜는 동작을 연상할 것이다. 바디랭귀지와 함께 이 말을 듣는 사람은 긴장감이 드는 동시에 말하는 사람에게 집중하게 되는 것이다.

넷째, 음소거라도 내용에 공감할 수 있다. 말을 하지 않은 채 웃으면서 손을 흔들면 당연히 "안녕"이라는 신호이며 눈을 크게 뜨고 끔뻑 끔뻑이는 행동을 반복하면 겁먹은 표정이라는 것을 누구나 알 수 있다.

마지막 다섯째, 바디랭귀지를 활용하면 문장의 특정 어휘를 이미지화해서 듣게 되므로 설득력을 높일 수 있다는 장점이 있다.

미국의 앨버트 메라비언Albert Mehrabian은 스피치에서 바디랭귀지가 차지하는 비중을 55%로 두었다. 왜 그럴까? 청중은 논리적인 내용보다 시각적인 이미지에 더 많이 집중한다는 것이다. 말을 하는 사람이 껄렁껄렁하거나 손톱을 물어뜯고 의자를 흔들흔들거린다면 우리는 그 사람의 이야기에 집중할 수 있을까? 집중은커녕 '아 나는 저 사람이랑 말하고 싶지 않아.'라고 생각하게 될 것이다. 이렇게 시각적으로 집중시키거나 집중력을 흩트리는 데 많은 영향을 끼치는 것이 바디랭귀지이다. 또한 우리가 긴장하면 표정이 어떻게 될까? 웃음은 사라지고 어깨가 위로 올라가서 힘이 들어가고 손 제스처 역시 하기 힘들어진다.

최근에는 바디랭귀지를 잘하는 연사를 찾아서 이름과 특징을 적고 반복 학습을 하는 이들이 많아졌다. TED나 '세상을 바꾸는 시간, 15분', 김창옥 교수의 유튜브 채널은 부담 없이 볼 수 있기 때문에 접근성이 좋다. 왜 이렇게 보고 또 보고 또 따라 하는 반복 학습을 할까? 우리가 어릴 적 피아노를 배워 놓으면 성장한 후 손가락은 굳어 있겠지만 조금만 훈련하면 다시 감각을 익힐 수 있듯이 스피치의 영역도 마찬가지다. 내 몸은 기억하고 날 속이지 않는다. 스피치에서 중요한 요소인 바디랭귀지도 계속 보고 연습해서 익히면 자연스럽게 할 수 있다.

"어떻게 하면 제스처를 잘할 수 있죠?"라고 묻는 분들이 많은데 다음 원칙만 지키면 된다.

첫째, 처음부터 시작한다. 말을 하다가 중간에 제스처를 해야겠다고 생각하는데 오히려 이런 분들은 더 못할 가능성이 크다. 어색하기 때문이다. 인사에서부터 제스처를 할 수 있는데, 인사를 하면서 바로 자연스럽게 손을 올려서 시작하면 된다.

둘째, 손은 가슴 아래에서 왔다 갔다 하는 것이 아니라 가슴 위치에서 손끝을 위로 향하게 하는 것이 좋다. 이때 손가락을 쫙 벌리면 산만해 보이니 엄지손가락을 제외한 나머지 손가락은 붙인다. 팔의 모양도 중요한데 축 처져 있는 것이 아니라 기상캐스터처럼 ㄴ자 모양을 유지한다.

셋째, 발 제스처는 스피치가 본론으로 들어섰을 때 하는 것이 좋다. 청중의 집중력이 다소 떨어질 때 앞으로 나가면 청중은 긴장하게 된다. 집중력에도 도움이 된다. 동선은 '중간점 → 왼쪽으로 두 걸음 가서 말하고 다시 뒷걸음으로 중간점', '중간점 → 오른쪽으로 두 걸음 가서 말하고 다시 뒷걸음으로 중간점'으로 움직이면 된다. 이때 발을 움직일 때 게걸음처럼 직선으로, 즉 옆으로 걷는 것이 아니라 사선으로 움직이는 것이 더 자연스럽다.

말하면서 자연스럽게 좌측으로 두 걸음 정도 걷다가 멈추어 말을 하

고 다시 제자리인 중앙으로 돌아올 때 등을 돌려 걷는 것이 아니라 뒷걸음으로 자연스럽게 중앙으로 오는 것이다. 청중에게 등을 돌리는 일은 가능하면 지양해야 한다.

바디랭귀지는 매뉴얼이 없다. 매뉴얼을 기억하면서 말을 하다 보면 내 말의 논리와 부딪히기 때문에 더 부자연스럽고 마이너스 결과만 낳을 뿐이다. 그렇기 때문에 자연스러워질 때까지 반복적으로 손을 올리고 말하는 훈련을 해야 한다는 것을 반드시 기억하기 바란다.

2 어떤 바디랭귀지를 해야 좋을까?

미러링 효과 Mirroring Effect

거울 효과, 동조 효과라고도 불리며 상대방의 행동을 은연중에 따라 하는 행위이다. 이 미러링 효과는 1902년 사회학자 찰스 호튼 쿨리 Charles Horton Cooley 가 주장한 이론으로 그는 "자아 관념은 타인과 교류하며 형성되고 타인의 견해를 반영한다. 그리고 자신의 생각은 타인으로 인해 생기고 타인의 태도로 결정된다."라고 하였다. 심리학에서 자주 등장하는 용어인데 스피치 영역에서는 친밀감 상승을 목적으로 주로 사용된다.

스피치에서는 상대방의 동작을 따라 하는 수업으로 인기가 많다. 예를 들어 키즈 스피치 수업 시간에 "선생님 너무 어려워요."라고 말하면 "너무 어려워요?"라고 물으면서 두 손을 펼쳐서 앞으로 올리고 어깨를 으쓱거린다. 그러면 내가 했던 동작을 아이들도 따라 하면서 웃게 되어 분위기가 훈훈해진다.

두 명씩 짝지어 동작 따라 하기

이 훈련을 하면서 초등학교 아이들과 친밀감을 많이 쌓았다. 예를 들면 처음 교실로 들어섰을 때 한 친구가 "선생님 저 팔꿈치가 아파요."라며 팔꿈치를 들고 한 손으로 받치는 제스처를 하며 어리광을 부리자 나도 똑같이 "팔꿈치가 아파요?"라며 제스처와 말을 따라 했더니 웃음을 짓는 아이들이 많았다. 만약 내가 "조용히 하세요. 수업하자!"라고 말하며 무시하는 반응을 보였다면 친밀감 상승은 기대도 못 했을 것이다. 이 책을 읽고 있는 독자가 교사라면 이 방법을 꼭 사용해 보기를 권한다.

방법 다음의 예문을 읽고 한 명이 말하면서 바디랭귀지를 한다. 듣는 사람은 똑같이 따라 한다.

예문 안녕하세요. 저 ㅇㅇㅇ입니다.

제가 오늘 축구를 하는데 친구가 공을 찬다는 게 제 발을 차서 너무 아팠어요.

친구가 저에게 와서 "너 괜찮아? 많이 아프지? 미안해."라고 말해 줘서 고마웠어요.

안녕하세요.(인사하는 모습) 저는 ㅇㅇㅇ입니다.(가슴에 손을 올리고 이름 말하기)

제가 오늘 축구를 하는데(공을 차는 동작하기) 친구가 공을 찬다는 게 제 발을 차서 너무 아팠어요.(발을 만지면

서 아픈 표정)

친구가 저에게 와서 "너 괜찮아? 많이 아프지? 미안해."(걱정스럽게 말하는 표정)라고 말해 줘서 고마웠어요.(미소)

* (색깔 글씨) 상대방이 따라 하기

처음 만난 사람과 이 동작 따라 하기를 하면 처음에는 눈맞춤도 힘들고 어색하다. 안면을 트는 의미에서 스톱워치 1분을 설정해 놓고 바디랭귀지를 사용해 보라. 정말 시간이 안 가는 것을 확인할 수 있다. 바디랭귀지를 활용한 문장이나 단어를 나열해 놓고 시작하는 것을 권유한다.

이 훈련은 상대방의 동작을 따라 하면서 표정과 제스처에 신경 쓰고 집중해야 한다는 것을 경험하게 된다. 말을 못하는 사람들은 얼굴이 대체적으로 경직되어 있는데 경직되어 있으면 아무리 말을 잘해도 상대방을 끌어들이는 매력은 부족하다. 이 훈련은 말+바디랭귀지+표정을 만들어 주는 데 효과적인 훈련이다. 스피치는 말 한 가지만으로는 사람을 설득하고, 감동시키고, 공감시킬 수 없는 법이다. 그렇기 때문에 바디랭귀지를 간과해서는 안 된다.

숨소리 따라서 말하기

❖ 뛰어 오면서 말하기

야~ 같이 가, 헉헉헉 늦잠 자서 늦었어.

헉헉헉 늦잠 자서 늦었어?

(같이 급하게 뛰면서 "헉헉헉" 따라 말하기)

❖ 한숨 쉬면서 말하기

아휴~ 보고서 오늘까지인데 못 해서 큰일이다.

아휴~ 정말 큰일이네.

(같이 한숨을 쉬며 "아휴" 말하기)

❖ 기쁘게 숨 쉬며 말하기

우아~ 승진됐다.

우아~ 축하해

(함께 기쁜 표정을 지으며 "우아~" 말하기)

❖ 놀라며 말하기

헉~ 깜짝야.

헉~ 왜 그래?

(놀라는 표정과 함께 "헉" 따라 말하기)

그 외 우울할 때, 슬플 때, 신날 때, 격렬할 때 등등 호흡을 생각하며 훈련해 보자.

음성 따라잡기
① 작게 말하기(25도 음성 - 낮은 음성)
② 크게 말하기(75도 음성 - 높은 음성으로 외치는 소리)
③ 빠르게 말하기(50도 음성 - 설교, 사회자 음성)
④ 느리게 말하기(0도 음성 - 속삭이는 소리)

대본 안녕하세요. 이룸스피치의 ○ ○ ○입니다.
(25도 음성 - 낮은 음성)

말을 잘하려면 어떻게 해야 할까요?
(25도 음성 - 낮은 음성)

말을 잘하려면 목소리가 좋아야 하고 논리적이어야 하며 바디랭귀지가 풍부해야 한다고 합니다.
(50도 음성 - 설교, 사회자 음성)

우리 이 3가지를 열심히 훈련해서 스피치 완전정복 해 봅시다. 아자! 아자!
(75도 음성 - 높은 음성으로 외치는 소리)

단어 바디랭귀지 게임

다음의 제시어를 모두 바디랭귀지로 바꿉니다.

제시어 나는/당신을/사랑합니다

(손을 가슴에 댄 후 상대방을 향해 펼치고 하트를 그려 준다.)

당신/피곤해 보여요

(손을 상대방을 향해 펼치고 하품을 한다.)

너는/항상/예쁘구나

(상대방의 어깨에 손을 올려놓거나 손을 잡고 자신의 얼굴에 꽃받침을 한다.)

시간이/벌써/이렇게 됐네/빨리 가자

(시계를 보고 급한 표정을 짓고 상대방의 손을 잡고 서두르는 동작을 한다.)

한 명은 바디랭귀지를 하고 다른 한 명은 동작을 보고 문장으로 만들어 말한다. 다양한 제시어를 만들어 훈련한다.

💬 바디랭귀지의 의미

💬 이 바디랭귀지 어떤 뜻일까?

1	팔짱 끼고 다리 꼬기	물리적 장벽의 신호로 당신의 말에 마음이 닫혀 있다는 신호. 방어의 신호. 자신도 모르게 무의식적으로 나오는 자세.
2	눈썹을 올리며 말하기	놀랐을 때, 걱정될 때, 두려울 때 사용함. 불편함을 표현함.
3	양손으로 주먹 쥐며 말하기	항상 파워 넘치는 사람이 많이 사용함. 말할 때 "우리 한번 잘해 보자."라는 말을 잘함.
4	손바닥을 위로 향해 보이기	개방적이고 환영하는 자세로 자신을 믿어 달라는 신호.
5	손가락 사용하기	사람을 가리키거나 장소를 알려 줄 때 무의식적으로 검지를 사용하는데 사람을 가리킬 때 반드시 피해야 할 제스처. 상대가 지적당하는 느낌을 받을 수 있음. 다섯 손가락을 다 펴서 손바닥이 보이게 사용해야 함.
6	필기도구 돌리거나 흔들기	회의나 이야기를 할 때 집중하지 못하거나 생각할 때 볼펜을 돌리는데 이 행동 역시 피해야 함.
7	강하게 손을 내리치기	상대방을 무시하거나 저지할 때 사용함. 주로 정치인들이 많이 사용함.
8	손바닥 비비기	긍정적인 기대를 나타내는 몸짓. 영업 사원이 손바닥을 빨리 비비며 이야기한다면 내 이익을 염두에 두고 있다는 뜻.
9	양손 깍지 끼기	미소 지으며 깍지를 끼고 있다면 자신감을 나타내는 것. 양손을 들어 깍지를 끼고 있다면 불안감을 나타내는 것.

11	주머니에 손 넣고 말하기	상대방이 대화를 거절할 때의 심리 상태. 상대방이 부정적일 때 보이는 행동.
12	양손 끝을 마주 세우기	상하 관계에서 주로 볼 수 있음. 자신감이나 확신에 찬 태도를 보일 때 사용. 자신감을 과시할 수 있는 자세. 상대를 설득하거나 신임을 얻어야 하는 경우에는 삼가는 것이 좋음

❺ 손유희 바디랭귀지

손유희란 인간의 신체 중 손과 팔을 이용하여 동작하는 형태를 의미한다. 시초는 유아 교육의 현장에서 많이 활용이 되었지만 현재는 노인치매예방 활동 교육으로 많이 활용된다. 뇌의 기능과 손의 기능이 직결돼 있어서 뇌 발달이 왕성한 유아 시기에 손유희를 하면 전인적 발달을 도울 수 있다. 또한 손유희는 뇌 기능이 퇴화하는 시니어 시기에도 두뇌 활동을 돕는 바디랭귀지로 활용할 수 있다.

슈타이너Rudolf Steiner는 "손놀림 교육은 정신, 영혼, 육체 세 가지를 통합한다."라고 말하였고 몬테소리Maria Montessori는 "영유아 시기의 손놀이는 중요하다."라고 강조했으며 프랭크 윌슨Frank R. Wilson교수는 "손을 이용하고 뇌를 써서 정교하게 만드는 환경이 아주 중요하다."라고 주장하고 있다. 그렇기 때문에 단순히 주의 집중 목적으로만 바디랭귀지를 사용하지 말고 인지적 측면을 고려하여 바디랭귀지를 많이 활용하기 바란다.

🗨 손가락(장소를 가리키거나 사물을 손으로 표현할 때 사용)

1	2	3
손가락을 펼쳐 하나씩 꼽는다.	엄지를 치켜세워 최고!/넘버원!/짱!	새끼손가락을 올리며 약속해./약하다./막내

4	5	6
손을 모아서 기도할 때/ 부탁할 때/바람	손바닥으로 하는 표현 박수/두 손 모으기	쇄골에 대고 자신을 가리킬 때 사용

팔과 손짓

1 올리고 내리면서 높고 낮음 /크고 작음	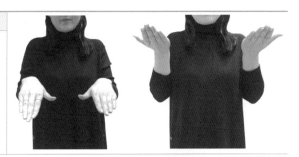
2 옆으로 움직이면서 많고 적음 /넓고 좁음 /뚱뚱이와 홀쭉이	
3 팔을 흔들며 손짓으로 팔랑팔랑/이 리저리	

4	
양옆으로 날아다니는 표현 (나비, 벌)	
5	
몸을 움츠리는 동작 잘못했을 때/아플 때 /추울 때	
6	
배를 움켜쥐는 모습 배가 많이 아플 때 / 속이 답답하거나 속상할 때	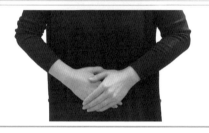

* PART 6 *

감정
(마음 전달)
스피치

우리는 자의든 타의든 관계를 맺고 살아간다. 함께 살아가면서 나와 다른 사람과 맞추어 살아간다는 것은 기적과도 같은 일이다. 많은 사람들이 관계에 의한 어려움을 겪고 있다. 나만 잘한다고 되는 것이 아니라 관계 속에 상대방에 대한 이해가 충분해야 하기 때문이다. "인간은 사회적 동물이다."라는 말은 관계를 맺고 살아가야 한다는 것이며 살아가면서 우리는 많은 이들을 설득해야 한다. 스피치의 대부분이 설득인데 설득은 이성 영역보다는 감정과 감성 영역이다. 예를 들어 굉장히 합리적으로 말을 잘하는 사람이 있는 반면 눈치 없이 정확하게 상대방의 약점을 꼬집어 말하는 얄미운 사람도 있다. 서로 사이가 안 좋은 상황에서도 공감하고 경청하면 상대방은 스스로의 잘못을 먼저 깨닫고 미안하다고 말한다. 내가 굳이 깨우치려고 애쓰지 않아도 된다.

이 장에서는 사람의 마음을 움직이는 힘의 감정과 감성에 관한 이야기를 하도록 하겠다. 스피치를 잘하기 위해서는 어휘의 정확한 뜻을 알고 혼동하여 사용하지 않는 것이 중요하다. 일상생활에서 나 또한 자주 맞닥뜨리는 문제인데 그중 하나의 예를 들어 보겠다. 감정과 감성, 그리고 감수성이라는 단어이다.

감정感情, Emotion은 어떤 현상이나 일에 대하여 말하는 것으로 행복·슬픔·분노·놀람 등을 느끼는 마음이나 기분을 말한다. 감성感性, Sensitivity은 자극이나 자극의 변화를 느끼는 성질로 보통 감성이 무디다, 예민하다 등으로 표현한다. 감수성感受性, Sensitivity은 외부 세계의 자극을 받아들이고 느끼는 성질이다.

보통 감정적이라고 말하면 화를 쉽게 내거나 부정적인 사람이라고 인식하고 감성적인 사람이라고 말하면 마음이 연약하거나 우아한 사람의 모습이 연상된다. 감성과 감수성은 이런 차이가 한다. 감수성이 예민한 사람은 "슬픈 영화를 보면 여자가 눈물 흘리는 장면을 보니 나도 눈물이 났다." 감성적인 사람은 "슬픈 영화에서 남녀가 이별하는 모습을 보고 공감돼서 슬픔을 느꼈다."라고 표현한다.

흔히 이성은 논리적이고 감수성은 그 반대되는 성질이라고 여겨 왔다. 그래서 이성적인 사람은 감수성이 낮고, 감수성이 높으면 정신이 나약하다고 평가하기도 했던 게 사실이다. 감성과 감수성은 영어로도 같이 사용하고 있기 때문에 같은 맥락으로 이해해도 무방할 것이다. 그러나 감정과 감성을 혼동해서는 안 된다. 감정은 뇌의 변연계에서 일어나는 신체의 자극 반응이다. 친구에게 독설을 듣고 소리를 지르든지 화를 삭이는 행동은 이성에 의한 것이다. 뇌가 외부 자극을 받아들이고 감각할 수 있는 성질은 감성이고 감성에 의해 받아들여진 자극에 의한 화학적 반응은 감정이다. "감정이 풍부하네."라고 말할 수 있지만 "감성이 풍부하네."라고 말하는 것은 맞지 않는 말이다. 감정은 기질적인 의미이고 감성은 감각할 수 있으므로 훈련이 가능한 기능이다. 우리가 느끼는 희로애락 같은 감정을 감성이라고 얘기하는 사람도 많이 있다. 감정을 정서라는 단어로 사용하는 편이 훨씬 낫다.

따라서 스피치를 잘하기 위해서는 상황에 맞는 어휘력을 구사하는 것이 중요하다. 나 역시 어휘력이 좋은 편이 아니기 때문에 사람들과 만났을 때 말을 녹음해서 다시 들어 보고 적당한 말이었는지 피드백하는 시간을 가지려고 노력한다. 감정 단어를 많이 알면 어휘력이 향상되어 초·중고생들도 감정을 풍부하게 말하기 쉽다는 장점이 있다. 또한 다양한 감정을 말할 때 표정과 함께 전달되기 때문에 이해하기 쉽다. 감정은 기분에 따라 다양하게 나타나는 신호이기도 하다. 발표를 시키면 표정 하나 없이 이야기하는 사람들이 많은데 이런 분들을 보면 감흥이라고는 눈을 씻고 찾아보려야 찾아볼 수가 없다. 지금부터는 다양한 감정을 나타내는 단어를 찾아보겠다.

🗨️ 감정 단어 예시

기쁜	슬픈	화나는	두려운
신나는	슬픈	속이 부글부글 끓는	무서운
즐거운	위축된	가슴이 무너지는	두려운
재미있는	무관심한	신경질 나는	공포스러운
흥겨운	시큰둥한	골치가 아프다	고통스러운
흥분되는	눈물이 나려는	밉다	괴로운
자신 있는	마음이 아픈	숨 막힌다	오싹한
할 수 있는	의기소침한	속상하다	소름 끼치는
자랑스러운	재미없는	마음에 안 든다	주눅이 드는
짜릿한	지루한	화난	굳어 버린

기쁜	슬픈	화나는	두려운
상쾌한	미안한	짜증 나는	긴장한
몰두하는	피곤한	심통 나는	다리가 후들거리는
열정적인	걱정되는	미운	초조한
생생한	서러운	지겨운	조마조마한
황홀한	싸늘한	질투 나는	진땀 나는
마음이 즐거운	안타까운	귀찮은	겁 나는
힘찬	울적한	억울한	떨리는
흥미로운	실망스러운	약 오르는	불안한
날아갈 것 같은	조심스러운	충격적인	흥분되는
밝은	허탈한	섭섭한	두근거리는
기분이 좋은	처량하다	상처받은	당황스러운
시원한	좌절감을 느낀다	비참한	곤혹스러운
편안한	밉다	변덕스러운	화끈거리는
훌륭한	아무 소용없다	성질나는	충격받는
재미있는	속상하다	불쾌한	머리칼이 곤두서는
흐뭇한	마음에 안 든다	괘씸한	긴장을 느끼는
뿌듯한	가엾다	무시당한 것 같은	오줌을 쌀 것 같은
상큼한	측은하다	울화가 치미는	깜짝 놀라는

　기쁨을 나타내는 어휘가 다양함을 알 수 있다. 우리는 몇 가지나 사용할까? 사전을 검색하여 정확한 의미의 어휘를 찾아 사용하고 도움받아 보길 바란다. 스피치를 배우는 아이들에게 "화가 났을 때 어떻게 할까요?" 물으면 "화를 내면 안 된다."라고 말한다. 정말 그럴까? 그렇지 않다. 화는 인간이 표현할 수 있는 수단이자 감정이다. 화를 삭인다는 것은 또 다른 화를 불러올 수 있는 요소이다. 그래서 나는 화가 났을 때 상대방에게 "내가 화났다."라는 것을 정확히 전달하라고 말해준다. 누군가를 때리거나 물건을 던지고 소리를 지르면 안 되며, 반드

시 내 감정을 알릴 필요가 있다는 것을 강조해 준다. 솔직한 감정을 말하는 것이야말로 소통의 지름길이며 스피치 치료에서 반드시 해야 할 과제이다. 실제 활용을 위해 감정 스토리텔링을 해 보도록 하겠다.

두려운 감정 스토리텔링

"무서운 / 두려운 / 고통스러운 / 오싹한 / 소름 끼치는"

⇒ 가족과 함께 극장에 가서 공포 영화를 보았습니다.

처음부터 무서운 음악이 나와서 매우 두려웠는데요

영화 초반부터 하얀 소복을 입은 여자가 '확' 지나가서 몸이 오싹했는데 주인공이 고통스러워하는 모습을 보니 더 소름 끼쳤습니다.

"초조한/조마조마한/진땀 나는/깜짝 놀라는/떨리는/두근거리는"

⇒ 밤에 초조한 마음으로 친구를 기다리고 있는데 갑자기 뒤에서 소리가 났습니다.

깜짝 놀라서 떨리는 마음을 안고 뒤를 돌아보았는데 바람 소리였습니다.

"휴~" 안도하고 조마조마한 마음으로 걸어가는데 심장이 계속 두근거리고 이마에서는 진땀이 났습니다.

🗨2 표정 확인하기

앞에서 감정 단어를 스토리텔링 했다면 이번에는 내용의 키워드를 암기한 다음 거울을 보고 말을 한다. 이때 내 표정을 반드시 보면서 말한다. 녹화를 하여 자신의 모습을 보는 것도 도움이 된다.

💬 슬픈 감정 스토리텔링

두려운 감정 스토리텔링에서와 같이 슬픈 단어를 4~5개 나열하여 스토리텔링을 한 후 "나는 언제 슬픔을 느끼는지", "나는 언제 눈물이 나려고 하는지", "나는 언제 좌절감을 느끼는지" 단어 + 언제를 넣어 스토리텔링을 해 보는 시간을 가진다.

💬 상황별 어휘 단어 게임

예 수치심을 느끼는 단어는 어떤 것이 있을까요?

창피하다. 쥐구멍을 찾고 싶다. 부끄럽다. 죄책감을 느낀다.

예 의아함을 느끼는 단어는 어떤 것이 있을까요?

혼돈스럽다. 절망적이다. 아리송하다. 걱정된다. 마음이 불편하다. 막막하다.

예 기운 없음을 느끼는 단어는 어떤 것이 있을까요?

기대고 싶다. 의존하고 싶다. 생기를 잃다. 지치다. 압도당했다. 능력이 없다. 맥이 풀린다.

예 힘찬 단어에는 어떤 것이 있을까요?

뿌듯하다. 자신감을 느낀다. 포부를 갖다. 확신이 생기다. 담
대하다.

지금 바로 크게 소리 내어 말해 본다. 조금 유치하다 싶겠지만 어려
움 없이 도전하기 때문에 몸이 기억하기엔 충분하다.

◉ 어휘력 확장 훈련

다음으로 감성적으로 말하기 위해 어휘력 확장하는 방법을 배워 보
겠다. 말을 시작할 때 "어~~ 예~~ 음~~ 습~~ 저~~" 등을 습관
적으로 하는 사람들이 있다. 1분 스피치를 할 때 이러한 말버릇을 20
번 이상 하는 사람도 만났었다. 이러한 습관은 스피치가 준비되지 않
았을 때 더 많이 사용하게 되며 상황에 맞는 단어가 떠오르지 않아서
일 가능성이 크다. 슬픔을 느낄 때 많이 사용하는 단어가 무엇인가?
슬프다, 힘들다, 아프다 등등 몇 가지나 생각나는지 노트에 적어 본다.
관계어가 10개 이하라면 당신은 정말 감정, 감성에 서툰 어휘만 사용
했으며 사람의 마음을 움직이지 못했을 것이다.

감성 어휘를 확장하기 위해서는 주변 사람이나 날씨, 자연물상을 보
고 눈을 감고 느끼고 시적으로 표현하는 훈련이 필요하다. 그래서 나
는 동요나 유행가, CCM의 스토리나 노랫말의 도움을 받는다.

슬픔	관계어	거짓말, 당신, 침묵, 이별, 비밀, 그 사람, 상처, 배신, 외로움, 비, 눈물, 감옥, 눈시울, 맹세, 약속, 느린 걸음, 마지막, 저울질, 그림자, 빈방, 빈집, 독백, 혼잣말
	표정	어색한, 무심한, 낯선, 창백한, 담담한, 흔들리는, 메마른, 차가운, 비겁한, 사나운, 굳은, 무표정, 화남, 초라함
	서술어	무너지다, 흔들리다, 비틀거리다, 피하다, 외면하다, 도망치다, 포장하다, 밀어내다, 버티다, 흩어지다, 부서지다, 사라지다, 떠나가다, 헤어지다, 어긋나다, 남겨지다, 보내다, 지나치다, 참다.
기쁨	관계어	콧노래, 선물, 반지, 꽃다발, 무지개, 입맞춤, 여행, 속삭임, 약속, 맹세, 연애, 사랑, 자유, 고백, 행복, 큰 웃음, 꿈결
	표정	따뜻함, 다정함, 온화함, 환한, 화사함, 해맑음, 아이 같은 미소, 눈부신
	서술어	속삭이다, 달콤하다, 들뜨다, 감동하다, 이끌리다, 부풀다, 마주 보다, 함께하다, 만나다, 통하다, 끄덕이다, 예쁘다, 고마워하다, 변함없다.

출처: 함경문, 민설 공저 《작사 노트》

슬픔과 기쁨의 단어를 활용해 서술어 앞에 넣고 싶은 단어 추가해 보겠다.

❖ 슬픔 서술어 활용
- 무너지다, 흔들리다, 비틀거리다, 피하다, 외면하다, 도망치다, 포장하다, 밀어내다.
① 무너지다 → 가슴이 무너지다.
② 흔들리다 → 바람에 흔들리다. 또는 사랑에 흔들리다.

③ 비틀거리다 → 행인이 비틀거리다.

❖ 기쁨 서술어 활용 ···
  – 속삭이다. 달콤하다. 들뜨다. 감동하다. 이끌리다. 부풀다. 마
    주 보다. 함께하다.
  ① 속삭이다 → 나의 비밀을 그에게 속삭였다.
  ② 달콤하다 → 옛 추억이 달콤하다.
  ③ 들뜨다 → 남자친구와 만날 생각을 하니 가슴이 들뜬다.
  ④ 감동하다 → 네 행동에 감동했어.

  제시된 서술어를 바탕으로 명사를 넣어 문장을 만드는 훈련을 하면
시적인 표현이 가능해서 감성적인 말을 훈련하는 데 큰 도움이 된다.

단어 조합해 오늘의 기분 말하기

  슬픔과 기쁨의 단어를 모두 조합해 오늘의 기분을 상세하게 말해 보
겠다. 그동안의 스피치가 단조로웠다면 이제는 풍부하고 디테일하게
바꿔 가 보도록 하겠다.

  "오늘 절친에게 제 비밀을 털어놓았습니다. 절친의 얼굴이 창백하더
라고요. 왜 그러냐고 물어보니 제가 그동안 힘들게 살았을 것을 생각
하니 가슴이 무너진다고 했어요" (슬픔의 관계어, 표정, 서술어 사용)

"오늘은 괜히 콧노래가 흥얼흥얼 나오네요. 제 얼굴이 화사해 보이지요? 왜냐하면 남자 친구가 저에게 예쁘다고 해서 감동을 받았거든요."(기쁨의 관계어, 표정, 서술어 사용)

흔히 우리는 자신의 기분과 감정을 잘 모를 때 어떻게 말해야 할지 난감할 때가 있다. 내가 사용하는 단어가 기분을 적절히 표현하지 못하다면 상대방도 내 기분에 맞는 말을 하지 못할 때가 있음을 기억하라.

7년 전 택시 기사 친절 교육을 의뢰받았다. 아침 6시 강의에, 청중은 야간 운전을 하고 교육받는 조건이라 모든 것이 열악했다. '과연 강의가 원활히 이루어질까?' 회사를 생각할 것인가 청중을 생각할 것인가를 놓고 고민한 결과 나는 청중을 생각해 수업 시간 2시간 중 1시간만 강의하기로 맘먹고 소주 한 박스를 들고 새벽 2시에 포천으로 출발했다.

아침 6시 강의실에 들어오는 기사님들의 표정은 싸늘했고 무섭기까지 했으며 어떤 분은 대놓고 잠을 잤다. "매번 짜증 나게 교육은 지랄했다고 받으라고 해, 어?" 들으라는 듯이 큰 소리로 나를 째려보면서 들어오는데 어이가 없었다. 어쩜 저렇게 예의가 없을까 싶어 화가 났다. 심리적으로 위축되는 것을 느꼈고 분명 말도 꼬이고 시선도 불안해질 것 같은 느낌이 들었다. 여기저기서 야유 소리도 들렸다. 더 이상 지체할 시간이 없었다. 내가 주눅 들면 안 된다는 생각으로 심호흡을 크게 한 후 이렇게 웃으며 첫마디를 떼었다. "저녁부터 새벽까지 달리다 피곤한 판에 또 강의를 들으러 오다니 여러분은 정말 대단하십니다. 저 같았으면 도망갔을 거예요. 제가 제안 하나 하겠습니다. 저에게 주어진 시간이 2시간인데 정말 끔찍하죠?(웃음) 1시간은 주무십시오. 불도 꺼 드리겠습니다. 잠이 오지 않는 분은 휴대폰을 보시거나 눈을 감고 쉬시면 되겠습니다. 그 대신 나머지 한 시간은 저의 시간이니 최선을 다해서 집중해 주십시오. 강의가 끝난 후 제가 준비해 온 소주 한 병씩 드리겠습니다. 집으로 가서서 반주 한잔하시고 푹 주무시기 바랍니다." 말이 떨어지기가 무섭게 환호성에 박수까지 쏟아지기 시작했다. 1시간이 흐른 뒤 나는 열정적으로 강의를 했고 기사님들은 고개를 끄덕이며 잘 웃어 주었다. 그런대로 수업 분위기는 좋았다. 그 후 며칠 뒤 교육 부서에서 강의 평가의 긍정적 응답이 99.9% 나왔다면서 기뻐하시며 다음 강의를 의뢰했는데 나는 과감히 NO를 선택했다. 왜 그랬을까? 한 번으로 충분하다고 생각했다.

그 경험을 계기로 한 가지 깨닫게 되었다. "강의는 청중을 위해 존재한다." 청중의 상황, 마음을 이해하고 문제를 해결해 주지 못하면 청중은 방어적이고 거부적인 청중으로 돌변한다. 강의 처음 10분이 정말 중요한 것이다. 내 편으로 만들고 시작해야 끝까지 등을 돌리지 않는 법이다. 나를 적대시하는 청중을 향해 같은 감정을 표현하거나 그들을 얕잡아 보거나 '대충하고 와야지!'라는 생각으로 청중에게 다가가서는 절대 승리할 수 없다. 공감하고 격려하고 입장 바꿔 생각하는 마음으로 바라보면 그 마음이 말로 전달되어 청중의 말과 행동도 지혜롭게 바뀌게 되어 있다.

가끔 청중을 두려워해 스피치가 힘들다는 분들이 있는데 청중은 두려움의 대상이 맞다. 이것은 존경심의 표현이고 성의 있는 마음가짐이다. 감성적으로 스피치를 하기 위해서는 내 주장을 제시하는 것이 아니라 상대의 관점에서 생각하고 상대가 말을 하도록 해야 한다. 그래서 눈치가 빨라야 하고 상대의 기분을 알아차려려 한다. 상대에게 말의 목적이나 방향을 제시하고 상대가 듣고 싶어 할 말을 바탕으로 내용이나 분량을 조절하며 상대의 의견을 너그러이 수용하는 자세가 중요하다. 그래야 상대도 당신의 생각을 받아들일 마음이 생긴다. 우리가 가정에서 아내와 남편의 행동을 이해하지 못할 때가 많다. "저 사람이 왜 저런 곳에 돈을 쓰지?" 이런 생각이 드는 순간 잠시 눈을 감고 상대의 입장에 서서 사물을 바라보는 노력을 해 보라. "아내가 왜 그 일을 하려고 할까?"라고 마음속으로 스스로에게 물어보라.

💬5 무조건적인 칭찬은 독약

여자들이 있는 모임의 공간에서 가끔 답답할 때가 있다. 나도 여자인데 말이다. 모임에서 어떤 사실이나 정보를 한 다리 건너서 들었을 때 사실대로 듣지 않고 왜곡할 때가 있다. 왜곡된 감정은 문제가 해결돼도 앙금으로 남아 있어 사람 사이에 한번 문제가 생기면 다시 정상적인 관계로 돌아오기 힘들 때가 있다. 상처 난 곳은 흉이 지기 마련이기 때문이다. 다른 사람 앞에서는 몇 시간씩 흉을 보다가도 정작 당사자가 나타나면 무조건 입에 발린 말만 늘어놓는 사람은 정말 비호감이다. 이럴 때 오히려 있는 사실을 정확하게 말하고, 충고가 필요하다면 따끔하게 말해 주고, 나는 너와 좋은 관계를 유지하고 싶다는 애정의 말을 덧붙일 필요가 있다. 내가 칭찬을 남발하는 사람은 아닌지, 그 칭찬이 거짓된 칭찬이거나 상대방이 듣기 좋으라고 그냥 한 말은 아닌지 생각해 보길 바란다. 상대는 영혼 없는 칭찬인지 아닌지 다 알고 있다.

전달력을 높이는 pause

예전에 어떤 사람이 "나는 그런 뜻으로 말한 게 아닌데 상대방이 오해를 해요."라며 표현력에 문제가 있는 것 같다고 나를 찾아왔다. 가만히 들어 보니 쉬지 않고 급하게 말하고 있었다. 쉼이 없었다. 쉼이 없다 보니 내 감정을 표현할 때 전혀 느낌이 없고 일방적 스피치를 하고 있다는 생각이 들었다. 마음을 전달할 때는 감정이 그대로 전달되어야 한다. 대중의 이목을 끄는 사람은 좋은 포즈$_{pause}$를 갖고 말한다. 포즈란 말과 말 사이의 간격을 두고(쉼) 띄어 말하는 것이다. 예를 들어 다음과 같다.

"나는 당신을 (3초 쉬고) 사랑해요."

"스피치를 잘하는 사람은 (3초 쉬고) 발음과 발성과 호흡이 좋습니다."

"여러분 (3초 쉬고) 우리는 할 수 있습니다."

짧은 말을 할 때도 상대의 시선을 확 끌어당길 수 있도록 힘있게 그리고 말의 간격을 두어 말해야 한다. 우리말은 쉼표가 있다. 사람들은 이 쉼표를 무시하고 대수롭지 않게 생각하는 경향이 있다. 쉼표는 상대와 대화할 때 집중할 수 있도록 만들어 놓은 규칙이자 약속이다. 급하게 말하지 말고 적절히 포즈를 취해서 내가 말하고자 하는 내용을 강조할 때 집중할 수 있게 반드시 포즈를 살려 말해 보자.

🗨️ 감정을 상하지 않게 말하는 방법

고대 그리스의 시인 소포클레스_{Sophocles}는 이런 말을 했다. "말을 많이 한다는 것과 잘한다는 것은 별개다!" 상대방의 감정을 상하지 않게 말하려면 상대의 이야기를 끊지 않아야 하고, 상대의 이야기를 끊지 않으려면 마음의 여유가 있어야 한다. 대인 관계에 문제가 있다고 생각하는 사람은 자신이 말을 잘 못한다고 생각하고 스피치를 배우러 온다. 하지만 대인 관계에서 나의 말하기가 가장 중요한 것은 아니다. 물론 대화법을 고려하고, 적절한 어휘를 사용하고, 말투 등을 배워 바르게 말한다면 많이 나아질 것이다. 그런데 근본적으로 관계의 문제는 말을 잘 듣지 않아서 상대방이 불쾌감을 느끼고, 감정을 다치게 돼서 생기는 경우가 더 많다고 한다.

아주대학교 심리학과 이민규 교수는 말을 잘하는 사람에게 우리는 흔히 거리감을 느낀다고 한다. 또는 부러움의 대상이기 때문에 질시의 대상이 될 수 있다고 말한다. 여기서 반드시 생각해 봐야 할 문제는 사람들은 말을 잘하는 사람보다 말을 잘 들어주는 사람을 더 좋아한다는 것이다. 왜 그럴까? 상대방이 내 이야기를 잘 들어 주면 내가 인정받고 있다는 정서적 카타르시스를 느끼기 때문이라고 한다. 그래서 대화를 할 때도 내 목소리가 유독 더 많이 들린다면 반드시 점검해 보기를 바란다.

내 목소리를 어떻게 점검을 할까? 어떻게 고칠까? 스스로 고쳐야 한다.

　첫째, 내가 자주 사용했던 방법은 '녹음'이다. 보이스 레코더를 만남의 장소에 도착하기 전에 켜고 헤어진 후 음성을 들어 보면 내 목소리가 어떤지, 타인의 말을 끊고 내 말을 하지는 않는지 점검하는 데 많은 도움이 되었다. 말을 끊으면 상대방은 반발심을 느끼게 되어 있으니 자기만의 방법을 꼭 시도해 보기 바란다.

　둘째, 남의 이야기를 줄줄이 꿰어 흉을 보는 사람들이 있다. 자기가 누구를 알고 있으며 연예인이 뭘를 했다는 둥 남 이야기 하는 버릇을 중단하기 바란다. 여자들이 전화기를 붙들고 수다 떨고, 자세한 이야기는 만나서 하자며 밥 먹고 차 마시고, 3~4시간 동안 어떤 이야기가 오고 갔는지 녹음해 들어 보면 거의 80%가 남 이야기다. 남 이야기도 칭찬하고 배우려는 이야기보다는 깎아내리는 내용이 훨씬 많다. 남을 칭찬할 때는 웃으면서 말하지만 흉을 볼 때는 나도 모르게 표정을 찡그린다는 것도 생각해 보아야 한다. 흉을 볼 때마다 그 대상이 되는 사람보다 흉을 보는 사람의 가치가 떨어지고 있다는 생각을 꼭 하라. 자신도 모르는 사이에 뇌는 건강하지 못하게 된다. 제 눈의 들보는 못 보고 남의 티끌을 찾게 되면 창의적이고 건설적인 스피치를 할 수 없는 법이다.

　유대 속담에 "말이 입안에 있으면 내가 말을 다스리고, 말이 입 밖에 있으면 그 말이 나를 다스린다."라는 말이 있다. 우리는 의식적으로 기쁜 생각, 좋은 말을 많이 하려고 한다(행복해, 사랑해, 할 수 있어.). 어쩌면 무의식에 긍정적인 기운을 밀어 넣는 방법의 세뇌 교육일 수 있다. 왜 이런 행동을 할까? 뇌는 단순하고 무식하다. 프로이트_{Sigmund Freud}가 "의식은 빙산의 일각이며 인간 마음의 참은 무의식에 있다."라고 주장했다. 뇌를 세뇌시켜 그렇게 되도록 무의식을 작동시키는 것이다. 예쁜 글라스에 꿀물을 담으면 꿀물이 쏟아지고 예쁜 글라스에 똥물을 담으면 꿀물이 될 수 없고 똥물이 쏟아진다. 이처럼 마음이 몸을 바꾸고 몸이 마음을 바꿀 수 있다. 긍정적인 감정 스피치는 내 마음에 긍정적인 습관을 들일 때 가능한 것이다. 여러분이 말하는 단어와 내용을 반드시 점검해 보기 바란다. 뇌에서 주는 정보가 여러분의 인생을 결정할 수 있고 마음을 헤칠 수도 있다. 내 스피치의 치유는 나만이 바꿀 수 있는 법이다.

PART 7

현황별
스피치

"원장님 다른 사람이 했던 자기소개를 그대로 사용하면 안 될까요? 제 현재 상황에 맞게 고치는 것도 여간 힘든 일이 아니네요."라는 질문을 종종 받는다. 스피치는 생각하고 메모하고 준비하는 시간이 있다면 분명 좋은 성과로 돌아오겠지만 현실적으로 포기하는 사람이 더 많다. 그래서 나는 타인의 스피치에서 감동적인 말을 들으면 무조건 사진으로 저장하고 외워서 나중에 꼭 활용하라고 권면한다. 이렇듯 스피치는 창조보다는 모방에서 시작되는 것이기도 하다. 자기소개, 건배사, 회의, 행사 스피치 등을 보고 상황에 맞게 살을 붙여 사용하면 된다.

독서 모임 자기소개

핵심어

삶에서 가장 참된 것은 만남이다.

예 안녕하세요. 반갑습니다. ○○○입니다. 책을 좋아하지만 바쁘다는 핑계로 1년에 겨우 1권 읽을까 말까 합니다. 마침 ○○께서 독서 모임을 하는 곳에 가 보자고 권유해 주셔서 이렇게 큰 용기를 내었는데요, 정말 오길 잘했다는 생각이 듭니다. 여러분과 함께라면 좋은 책을 여러 권 읽을 수 있을 것 같습니다. 어제 잠자리에 들기 전 자기소개를 시키면 어떻게 하지? 하고 생각해 보았는데요(미소) 이런 좋은 말이 생각났습니다. "삶에서 가장 참된 것은 만남이다."라고요. 이렇게 좋은 사람들과 함께 참된 인연이 된 것 같아 기분 참 좋습니다. 앞으로 잘 부탁합니다. 감사합니다.

 〈 TIP 〉
목+다 기법을 활용하라.
자기소개를 할 때 너무 떨려서 어떤 말을 해야 할지 모른다면 이곳에 왜 왔는지(목적) 앞으로 어떻게 할 것인지(다짐)를 말하면 된다.

핵심어

덕이 있는 사람은 외롭지 않나니 반드시 이웃이 있다.

– 공자

예 안녕하세요. 반갑습니다. ○○○입니다. 저는 결혼 후 30년 동안 가정주부로만 살았습니다. 나이가 60을 바라보는 시점에서 아무것도 해 놓은 것이 없다는 생각에 우울감을 느껴서 나를 위해 무엇을 해야 할까 고민하였습니다. 20대의 싱그러웠던 모습을 떠올려 보니 그때는 정말 무엇이든 다 쏙쏙 빨아들이는 스펀지 같았다는 생각이 들더군요. 아이들 키우느라 미뤘던 공부를 다시 시작하고 싶어 이렇게 ○○○에 지원하였습니다. "덕이 있는 사람은 외롭지 않나니 반드시 이웃이 있다."라는 공자의 명언처럼 교수님과 원우님들의 도움을 받으며 여러분들보다 나이도 많으니 2배로 열심히 뛰어서 부족한 부분을 채워 나가겠습니다. 이렇게 반갑게 만나 뵙게 되어 정말 기쁩니다. 감사합니다.

〈 TIP 〉
최고경영자 과정이나 대학원 박사 과정에 지원하는 연령대는 젊은 사람도 많지만 50~60대도 적지 않다. 사회적 신분도 어느 정도 위치에 올라 있는 분들이 많기 때문에 첫 만남부터 자랑을 하는 것은 첫인상에 치명적일 수 있다.(나이 들수록 자랑을 많이 함)

핵심어

> 모든 사람들이 세상을 바꾸겠다고 생각하지만
> 어느 누구도 자신을 바꿀 생각은 하지 않는다.
>
> – 레프 톨스토이

예 안녕하세요. 반갑습니다. 앞에 이렇게 나와 자신을 드러낸다는 것은 참 어려운 것 같습니다.(미소) 처음 뵙겠습니다. ○○○입니다. 저는 ○○전자 영업직에 종사하는데요 퇴근하고 집에 가서 잠자고 다시 사람들을 만나고~ 이렇게 다람쥐 쳇바퀴 돌 듯 무감각하게 살아가는 제 모습을 보고 터닝 포인트가 필요하다고 느껴 사교댄스 모임에 왔습니다. 제 버킷리스트 중 하나가 춤 배우기였습니다. 막상 지하로 내려오면서 그냥 갈까? 이상한 데 아닐까?(미소) 심장이 두근거렸는데요. 너무나 밝고 열정적이고 좋은 매너로 반갑게 맞아 주셔서 정말 감사합니다. "모든 사람들이 세상을 바꾸겠다고 생각하지만 어느 누구도 자신을 바꿀 생각은 하지 않는다."라는 말이 있던데 저 역시 그런 사람이었나 봅니다. 사교댄스는 음악이 어우러지는 축제 같은 삶을 늘 우리에게 주는, 역사가 있는 예술인 만큼 저의 잘못된 고정 관념을 바꾸어 가는 기회가 되었으면 합니다. 댄스가 제 인생의 즐거움을 만들어 가는 데 엔돌핀이 되길 바라며 앞으로 잘 부탁드립니다. 감사합니다.

〈 TIP 〉
오늘 처음 나가는 모임에서 자기소개를 하라고 하면 어떻게 하지? 라는 고민 정도는 반드시 해야 한다. 하루 전날 미리 간단하게 작성해서 5번 이상 서서 큰 소리로 거울을 보고 연습한다.

시무식 스피치

핵심어

많은 사람이 재능의 부족보다 결심의 부족으로 실패한다.

– 빌리 선데이

예 반갑습니다. ○○○입니다. 올해 우리 회사는 창립 20주년이 되는 해입니다. 그동안 우여곡절도 많고 위기도 많았지만 지혜롭게 이겨 낸 만큼 새로운 도약을 위해 건승하는 해로 거듭나길 소망해 봅니다. 이런 말이 있습니다. "많은 사람이 재능의 부족보다 결심의 부족으로 실패한다." 어떤 분이 "운도 능력이다."라는 말을 했습니다. 좋은 운은 이불 뒤집어쓰고 기다린다고 들어오는 것이 아니라 움직이고 계획적인 루틴을 만들어야 들어오는 것입니다. 2021년 새해가 밝았습니다. 지난겨울은 코로나로 인해 몸과 마음이 꽁꽁 얼어붙었던 한 해였습니다. 2021 신축년에는 태양이 어둠을 비추듯이 코로나가 종식되고 반드시 살맛 나는 한 해가 되기를 기원해 봅니다. 서로가 힘을 합친다면 올해 매출 ○○억도 거뜬히 넘을 거라 믿습니다. 여러분 우리는 할 수 있습니다. 아자 아자 파이팅!

〈 TIP 〉
시무식이란 각 관공서나 기업체에서 한 해의 업무를 시작하는
차원에서 치러지는 의식이다. 리더는 신년사와 그해의 중요한 업무 목
표를 발표하는 것이다. "많은 사람이 재능의 부족보다 결심의 부족으
로 실패한다."라는 말을 외워야 스피치에 적용할 수 있다. "우리의 경
쟁 상대는 호두과자가 아니다." 등 지역의 명물을 생각하면서 경쟁사
를 이길 슬로건을 정해 말하는 것도 방법이다.

종무식 스피치

핵심어

존경하는 습관을 가져라. 가장 기분 좋은 조직은
각 구성원들 사이에 서로 존경하는 마음이 넘쳐나야 한다.

– 괴테

예 시무식을 한 지 얼마 지나지 않은 것 같은데 벌써 종무식이라니
믿어지지 않습니다.(미소) 우리 ○○○가족들 뒤도 돌아보지 않고
42.195km를 마라톤 하듯 달려서 정말 고맙습니다.(정중례)
올해도 여러분은 이 회사의 주인공 역할을 잘 감당해 냈습니다.
회사 매출 목표에는 조금 못 미쳤지만 여러 악재들 가운데서도 잘
싸워 주었기 때문에 이만큼 할 수 있었다고 생각됩니다. 조직은
혼자의 힘으로는 절대 성장할 수 없습니다. 괴테가 이런 말을 했

습니다. "존경하는 습관을 가져라." 잘난 사람만을 존경하고 부자나 상급자에게 자신의 모습을 낮추는 것이 아니라 우리 모두 서로에게 존경하는 마음이 있었기 때문에 우리 회사가 이만큼 성장했습니다. 아울러 내년에는 더 큰 일을 감당할 수 있으리라 믿어 의심치 않습니다. 가장 기분 좋은 조직! 가장 몸담고 싶은 조직! 그런 조직이 될 수 있도록 힘써 주시기 바랍니다. 새롭게 시작하는 한 해도 우리 승승장구 합시다. 파이팅! 감사합니다.

〈 TIP 〉

종무식이란 연말이 됐을 때, 각 기관이나 기업에서 근무를 끝낸 것을 축하하고 수고한 직원들을 격려하기 위한 의식을 말한다. 그러므로 임직원들이 편안하고 즐거운 마음으로 행사에 참여할 수 있도록 스피치를 하면 된다. 리더가 너무 잔소리만 하게 되면 직원들이 자리에 즐겁게 참여하고 싶은 마음이 들지 않기 때문에 최대한 지루하지 않게 스피치를 준비한다.

송년사 스피치

핵심어

건물은 높아졌으나 인격은 더 작아졌고
고속도로는 넓어졌지만 시야는 더 좁아졌다.
소비는 많아졌지만 더 가난해지고 더 많은 물건을 사지만
기쁨은 줄어들었다.

– 제프 딕슨

예 여러분, 올해도 함께 달려 주셔서 정말 감사합니다. 특히나 올해는 더 어려운 악재들이 많았지만 현명하게 이겨낸 우리 직원들, 정말 대견합니다. 코로나19로 전 세계적인 대 재앙 속에서도 우리는 여전히 앞으로 나아가고 있습니다. IMF(국제통화기금) 때도 우리는 금 모으기를 통해 대한민국을 살렸고 모두에게 힘이 되었습니다. 어제 퇴근하면서 "내일 송년사를 하게 되면 어떤 말을 할까?" 곰곰이 생각해 보았습니다. 반기문 전 UN 총장의 역설적인 명언 문구가 생각나서 여러분께 소개해 드리려고 합니다.

"건물은 높아졌으나 인격은 더 작아졌고 고속도로는 넓어졌지만 시야는 더 좁아졌다. 소비는 더 많아졌지만 더 가난해지고 더 많은 물건을 사지만 기쁨은 줄어들었다." 이 명언은 제프 딕슨이라는 인물이 한 말로, 인터넷상에 오르내리면서 '우리 시대의 역설'이라고 화제가 되었습니다. 어두운 말이지만 우리가 분명히 생각하고 넘어가야 할 고민이 아닐까 합니다. 오늘날 전문가들은 늘어났지만 문제는 더 많아졌습니다. 분별 있게 소비하고 웃을 일은 많지 않지만 웃다 보니 행복해지는 그런 날이 우리 직원들에게도 빨리 왔으면 좋겠습니다. 빨리빨리 외치지 않을 테니 천천히 운전하는 습관을 들이길 바랍니다. 직원들끼리 소통의 부재로 부르르 떨지 말고 화를 가라앉히도록 심호흡 크게 한번 해 보는 건 어떨까요? 그럼 마음에 여유가 생길 것입니다.

여러분 정말 한 해 동안 고생 많으셨습니다. 고맙습니다.(정중례로 마무리)

〈 TIP 〉

송년사는 묵은 한 해를 보내면서 하는 인사말이다. 주로 회사의 대표이사나 임원 등이 한 해를 돌아보는 소회를 밝히며 전하는 말이다. 그러므로 기업의 이미지를 대변할 수 있는 스피치를 해야 하며 진정성 있게 예의와 격식을 갖추어 말하도록 한다.

신입 직원 회식 스피치

핵심어

회사가 원하는 건 똑똑한 사람이 아니라
'함께 일할 수 있는 사람'

예 이렇게 하루 일과를 모두 마치고 함께해 주셔서 감사합니다. 이번에 ○○○ 신입 사원이 연수를 마치고 우리 부서에서 함께 일하게 되었습니다. 처음이라 업무가 더디더라도 잘 지도해 주시고 격려도 부탁합니다.

류영숙 작가의 《신입사원일 때 알았더라면 좋았을 것들》에 이런 말이 있습니다. "인삼을 캐 오라고 했는데 도라지를 캐 오면 당신은 해고! 인삼을 캐 오라고 했는데 인삼을 캐 오면 당신은 비서! 인삼을 캐 오라고 했는데 산삼을 캐 오면 당신은 뛰어난 비서! 인삼을 캐 오라고 했는데 산삼과 도라지를 캐 와서 필요에 의해 선택할 수 있게 해주면 당신은 전략 비서!"라고요. 여러분은 무엇을 캐 오겠습니까?(3초 쉼)

조직의 상하 관계에 의해 지시받은 일만 수행하지 않기를 바랍니다. 서로 의사소통하여 경우의 수를 생각해 내서 최상의 선택을 할 수 있는 우리 팀이 되기를 바랍니다. 그렇게 되면 우리 팀이 노력한 결과는 반드시 좋을 것이라 생각합니다.

회사는 똑똑한 사람이 아니라 함께 일할 수 있는 사람을 원합니다. ○○○ 사원이 꼭 그러한 인물이 되어서 우리 팀에서 인정받는 사람이 되었으면 좋겠습니다.

○○○ 사원에게 응원의 박수 크게 보내겠습니다.

> 📣 〈 TIP 〉
> 회식 자리에서는 공유할 수 있는 대화로 분위기를 유쾌하게 끌고 나가야 한다. 나쁜 얘기를 한다거나 나이가 어리다고 공적인 자리에서 반말로 말하는 것은 절대 금물!

💬 퇴사 직원 회식 스피치

핵심어

성과보다는 '과정', 실력보다는 '사람'

— JYP 박진영

예 오늘은 하루 종일 업무에 집중이 잘 안 되는 날이었습니다. ○○○과장이 우리 팀을 떠나는 날이라 그랬나 봅니다. (3초 쉼) 헤어지는 것은 아쉽지만 그동안 준비했고 꿈꿔 왔던 제2의 사업에 도전하기 위해 떠나는 것이니 웃으면서 보내 주면 좋겠습니다.

얼마 전에 JYP의 수장 박진영 기사를 접한 적이 있었습니다. 퇴사한 직원들과도 가족처럼 친하게 지낸다고 하더군요. 정말 쉽지 않은 일입니다. 비결이 무엇일까요? 그의 고백에서 이런 말이 있었습니다. "더 희화화되어도 괜찮으니 손을 뻗을 수 있는 사람이 되고 싶어요."라고요. 이 말은 동네 형처럼 언제든 동네서 슬리퍼 끌고 소주 한잔 나눌 수 있는 준비가 되어 있다는 말처럼 들렸습니다. 저 역시도 000 과장에게 이런 상사로 남고 싶습니다.(미소) 오늘은 퇴사하는 ○○○ 과장에게 동네 형으로 이런 말을 꼭 해 주고 싶습니다.

"○○○ 과장! 성과보다는 과정이 중요하고 실력보다는 사람이 먼저라는 것 꼭 기억하기 바랍니다."

매일 하는 일이 어떤 땐 지겨울 수 있지만 그 지겨운 것을 이겨내는 자만이 성공할 수 있는 것입니다. 알겠습니까? 자 그럼 ○○○ 과장에게 응원의 한마디 해 줄 분 계실까요?(조용하다면 오른쪽 방향으로 돌아가면서 한마디씩 하라고 권면)

우리 ○○○과장을 위해 "사업 대박 화이팅" 외치겠습니다. 시작! "사업 대박 파이팅"

〈 TIP 〉

퇴사하는 사람에게 억하심정의 말은 삼가야 한다. 술에 취해 그동안의 꾹꾹 참고 눌러 왔던 이야기를 속사포처럼 말하는 것은 전혀 도움이 안 된다.

🗨️2 학회 진행 오프닝 스피치

핵심어

지성이란 그것을 갖고 있지 않은 사람에게는 보이지 않는다.

– 쇼펜하우어

예 안녕하십니까. 반갑습니다. 오늘 ○○학회 사회를 맡은 ○○○입니다. 향기로운 꽃내음이 발산하는 봄인데요, 산으로 들로 바람을 쐬러 가느라 오늘 참석률이 저조할 줄 알았는데 생각보다 많은 분들이 참석하셔서 놀랐습니다. 오늘 학회의 주제가 여러분에게 중요하게 당면한 과제라는 점에서 많은 분들이 주목해 주시는 듯합니다. 오늘 이 자리는 ○○위원회가 정말 성의있게 준비했으니 편안하게 마음껏 질의응답도 나누는 시간이 되길 바라겠습니다. 여러분 이런 말이 있습니다. "지성이란 그것을 갖고 있지 않은 사람에게는 보이지 않는다."라고 말입니다. 우리는 지성인입니다. 지성인이란 슬기와 덕행이 뛰어난 사람을 말합니다. 우리는 지역 사회의 발전을 위해 모였습니다. 오늘 학회에서 나오는 주제 발표가 지역 사회에 선한 영향력을 끼쳐 여러분의 연구가 성공적으로 도약하는 토대가 되길 바랍니다.

> 📢 〈 TIP 〉
> 사회자는 행사의 꽃이며 주연의 역할이다. 사회자가 의례적으로 진행을 하느냐 영혼을 담고 열정에 빠져 진행을 하느냐에 따라 분위기가 확연히 차이 난다. 두려운 마음보다는 꿈과 끼를 발산한다는 마음으로 무대를 즐기시길.

💬 음악회 진행 오프닝 스피치

핵심어

음악은 우리에게 사랑을 가져다주는 분위기 좋은 음식이다. ?!

– 셰익스피어

예 출렁다리 축제에 오신 여러분을 환영합니다.(명확하게 끊어서 활기차게) 안녕하십니까. 반갑습니다. 싱그러운 5월에 인사드리겠습니다. 출렁다리 축제 진행을 맡은 ○○○입니다.(정중례)

와~ 여러분 제가 이렇게 무대에 서 있는데요. 제 등 뒤로 가을바람과 예당호의 밤바람이 만나 불어오는데 정말 기분 좋고 시원합니다. 이런 분위기에 음악까지 있다니 오늘 정말 행복해지겠는데요? 여러분도 그러신지요? 이런 좋은 말이 생각이 나네요 "음악은 우리에게 사랑을 가져다주는 분위기 좋은 음식이다." 음악은 낯선 환경, 낯선 사람들과 함께여도 결코 낯가림을 하지 않고 하나가 되어 주는 친구이자 영적인 갈급을 해결해 주는 비타민이라는 생각이 듭니다.

여러분 오늘의 주인공은 바로 여러분입니다.(오른손을 앞으로 펼치며) 지역 주민과 함께하는 음악회는 주민자치위원회가 주관하고 한울타리 밴드가 후원한 다채로운 공연이 준비되어 있습니다. 풍물놀이를 시작으로 통기타, 색소폰, 댄스 등 다양한 프로그램이 여러분을 기다리고 있습니다. 이 무대를 맘껏 즐겨 주시면 감사하겠습니다. 여러분 즐기실 준비되셨습니까? 첫 번째 순서입니다.

〈 TIP 〉
요즘은 전문 사회자를 섭외하기보다는 축제 위원장이나 행사 진행 주최 관련 측에서 사회를 직접 보는 것이 유행이다. 진행의 특성을 가장 잘 이해하기 때문이다. 너무 프로처럼 하기보다는 솔직담백하게 본인의 장점을 살려 독창성을 뽐내기를 추천한다.

☑2 회사 송년회 건배사

핵심어

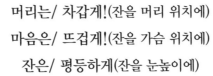

머리는/ 차갑게!(잔을 머리 위치에)
마음은/ 뜨겁게!(잔을 가슴 위치에)
잔은/ 평등하게(잔을 눈높이에)

예 여러분 한 해 동안 정말 고생 많으셨습니다. 올해 어땠습니까? ○○프로젝트를 준비하느라 정말 정신없이 지나갔지요? 성공을 이루어 낸 여러분 다시 한 번 축하합니다. 이렇게 여러분의 냉철한 판단력과 회사에 대한 따뜻한 마음이 있어서 모두에게 좋은 성과를 얻을 수 있었던 것 같습니다. 그런 의미에서 건배 제의를 하겠습니다. 제가 크게 선창하면 여러분도 힘차게 따라서 후창하겠습니다.

선창 머리는 차갑게!(잔을 머리에 올리는 제스처)

후창 머리는 차갑게!

선창 마음은 뜨겁게!(잔을 가슴 위치에 대는 제스처)

후창 마음은 뜨겁게!

선창 잔은 평등하게!(잔을 눈높이 위치에 놓는 제스처)

후창 잔은 평등하게!

〈 TIP 〉

건배사는 건배 제의를 하기 전에 하는 인사말이며 건배 제의는 건배를 유도하는 에피소드를 말한다.

건배 제의하기 전에 먼저 잔을 채울 시간을 준다. 일어나서 건배 제의를 하고 건배사를 독려한 분과 참석한 사람들에게 감사 인사를 전한다. 건배 제의 구호는 힘차게 선창하고 마지막 잔까지 비울 수 있도록 유도한다.

🗨️ 사교 모임 건배사

핵심어

당신은 배터리

예 여러분 올 한 해도 무탈하게 지낸 것을 생각하니 참 감사하더라고요. 여러분은 어떠셨어요? 올해 제 목표는 '사교 댄스 대회 참가'였습니다. 그런데 맘만 너무 앞섰던 것 같습니다. 일에 치이느라 즐기면서 산다는 것이 생각보다 정말 힘들더라고요. 하지만 포기하지 않을 겁니다. 내년에 다시 한번 큰 맘 먹고 재도전하려고 합니다. 세상에는 두 종류의 사람이 있다고 합니다. 에너지를 충전해 주는 사람, 에너지를 방전시키는 사람이죠. 여러분은 어떤 쪽이십니까? 다른 것은 몰라도 우리 서로에게 응원의 메시지를 나눌 수 있는 배터리 같은 사람이 되었으면 좋겠습니다. 그래서 내년에도 후년에도 영원히 충전 만땅되어 살아갔으면 참 좋겠습니다.(미소) 그런 의미에서 제가 "당신은"을 외치면 여러분은 "배터리"를 힘차게 외쳐주시기 바랍니다.

선창 당신은!

후창 배터리!

《 TIP 》

"내가 ~을 할 테니 당신은 ~을 하세요."라고 명확하게 말해 줘야 혼동하지 않는다. 선창은 개선장군의 목소리로 크게 하고 후창까지도 크게 해 줘야 사람들의 목소리가 가라앉지 않게 된다. 예를 들어 "당신은" 하고 가만히 있으면 사람들은 "배…" 첫음절만 말하다 흐지부지 어미를 흐릴 가능성이 높아지기 때문이다.

마무리하며

〈눈먼 최선은 최악을 낳는다〉의 소와 사자의 이야기를 많이 들어보았을 것이다. 사자와 소는 사랑해 결혼을 한다. 상대방에게 최선을 다하고 싶어서 소는 자신이 좋아하는 풀을 사자에게 먹였고, 사자는 그토록 아껴 먹던 고기를 소에게 대접했다. 그렇게 사랑했으나 둘은 헤어졌다. 왜 헤어졌을까? 소는 소의 눈으로 세상을 보고 사자는 사자의 눈으로만 세상을 보았기 때문이다. 그렇게 자기 방식으로 최선을 다한다. 하지만 상대를 이해하고 배려하는 방식으로 최선을 다하는 게 중요하다.

스피치도 마찬가지다. 상대방을 위해 배려하는 말로 당신의 마음을 표현하는 것이 중요하다. 나 위주로 하는 말, 상대를 보지 못하는 말, 상대방의 말을 듣기보다는 무조건 내 목소리만 높이려는 일방적인 말은 그것이 최선이라고 생각해도 결국 최악을 낳고 만다.

그렇기 때문에 내가 말하는 방식이 상대방에게 잘 전달되고 있는지 확인해 볼 필요가 있다. 말을 잘하고 싶은가? 그렇다면 먼저 자신을 잘 이해하고 나를 바르게 바라보는 기술이 필요하다.

스피치 테라피

초판 1쇄 인쇄   2021년 06월 15일
초판 1쇄 발행   2021년 06월 24일
지은이   권지선

펴낸이   김양수
책임편집   이정은
교정교열   이봄이

펴낸곳   휴앤스토리
                  출판등록   제2016-000014
                  주소 경기도 고양시 일산서구 중앙로 1456 서현프라자 604호
                  전화 031) 906-5006
                  팩스 031) 906-5079
                  홈페이지 www.booksam.kr
                  블로그 http://blog.naver.com/okbook1234
                  포스트 http://naver.me/GOjsbqes
                  인스타그램 @okbook_
                  이메일 okbook1234@naver.com

ISBN   979-11-89254-57-5 (03190)

＊ 이 책은 저작권법에 의해 보호를 받는 저작물이므로 무단전재와 무단복제를 금지하며, 이 책
  내용의 전부 또는 일부를 이용하려면 반드시 저작권자와 휴앤스토리의 서면동의를 받아야 합
  니다.

＊ 파손된 책은 구입처에서 교환해 드립니다.   ＊ 책값은 뒤표지에 있습니다.

＊ 이 도서의 판매 수익금 일부를 한국심장재단에 기부합니다.